Paul Ch. Donders

Authentische Führung

Leiterschaft in Balance

(Band 1)

Für meinen ältesten Sohn Jorön Donders.
Ich bin sehr stolz darauf, dein Vater zu sein, und wünsche dir,
der Leiter zu werden, zu dem Gott dich berufen hat.

Dank

An erster Stelle will ich Sylvia, Jerön, Vivian und Robin danken,
die es mir möglich machen, meine Berufung zu leben.
Ohne euch wäre dieses Buch nie entstanden!
Weiterhin möchte ich Marijke Mom und Josef Großerüschkamp
für ihren enormen Einsatz im Ausarbeiten und Übersetzen des Buches danken.
Ein großer Dank geht auch an Professor Romano Guardini,
der mich durch sein Lebenswerk seit vielen Jahren inspiriert
und einen nachhaltigen Einfluss auf unsere europäische Gesellschaft hat.
Ich hoffe, auch dieses Buch wird dazu beitragen.
Natürlich danke ich auch der internationalen Trainer- und Beratergemeinschaft
bei xpand, *die mit mir die spannendste Berufung teilt, die man sich vorstellen kann.*

Über den Autor

Der gebürtige Niederländer *Paul Ch. Donders* lebte über 20 Jahre in Deutschland, bevor er 1999 wieder nach Holland zog. Er ist Gründer und Leiter von *xpand*, einer Beratungsorganisation, die Menschen hilft, eine ganzheitliche Lebensplanung zu entwickeln und zu ihrer Berufung zu finden.

Paul Ch. Donders

Authentische **Führung**

Leiterschaft in Balance

(Band 1)

GerthMedien

Die niederländische Originalausgabe erschien im Verlag
Uitgenerij Gideon, Niederlande,
unter dem Titel „De authentieke Leider".

Aus dem Niederländischen übersetzt von Josef Großerüschkamp

Best.-Nr. 816 083
ISBN 3-86591-083-1
1. Auflage 2006
Umschlaggestaltung: sons media
Umschlagfoto: getty images, Philip & Karen Smith Inc.
Satz: Die Feder GmbH, Wetzlar
Druck und Verarbeitung: Schönbach-Druck GmbH, Erzhausen
Printed in Germany

Inhalt

Tipps zum Gebrauch dieses Buches

1. Arbeiten Sie dieses Buch vollständig durch. Benutzen Sie einen Textmarker, und streichen Sie an, was Sie besonders anspricht. Das sollte Ihnen einen ersten Eindruck davon vermitteln, was Ihnen wichtig ist.

2. Bearbeiten Sie die in jedem Kapitel angefügten Fragebögen und Übungen. Das wird Ihnen dabei helfen, das Gelesene in Ihren eigenen (Arbeits-) Alltag zu übertragen.

3. Stellen Sie Ihren ersten persönlichen Entwicklungsplan auf, der fünf Themen Ihrer Wahl beinhaltet, die Sie im kommenden Jahr vertiefen möchten. Verwenden Sie dazu die Übungen sowie die Literaturtipps im Anhang als Inspirationsquelle. Natürlich gibt es noch eine Menge weiterer Übungen und Lektüre-Anregungen, die für Ihre Schwerpunkte sinnvoll wären.

4. Schenken Sie dieses Buch Ihrem Coach, nachdem Sie es durchgearbeitet haben, damit auch er Einblick in Ihre Fragen und Trainingsideen bekommt. Auf diese Weise können Sie während Ihrer Gespräche die Themen noch besser besprechen und er kann sich auf die Treffen mit Ihnen vorbereiten.

5. Beginnen Sie mit der Umsetzung Ihres persönlichen Entwicklungsplans. Belohnen Sie sich regelmäßig vor den verschiedenen Schritten, die Sie sich gesetzt haben.

6. Stellen Sie im kommenden Jahr einen neuen persönlichen Entwicklungsplan für sich auf, und versuchen Sie weiterhin, an Ihren Zielen zu arbeiten. Haben Sie Spaß daran, über sich hinauszuwachsen!

Kapitel 1: Gesunde und starke Leiterschaft

In diesem Kapitel geht es um die Grundlagen einer guten und starken Leiterschaft:

- die Sinnfrage,
- Ausgewogenheit zwischen Charakter und Kompetenz,
- Ausgewogenheit zwischen Mensch und Ergebnis,
- die Möglichkeiten, wie Sie in Ihrer Aufgabe wachsen können,
- die Frage, wie Sie sich selbst coachen können.

1. Die Sinnfrage

Wir sind Kinder der Postmoderne. Das bedeutet, dass wir in einer Zeit leben, in der nichts mehr ganz wahr und nichts mehr völlig falsch ist. Es fehlen klare Maßstäbe, um ein wirklich erfüllendes Leben führen zu können. Die Postmoderne stellt eine wichtige Reaktion auf die Moderne dar. Der moderne Mensch glaubte noch, dass man durch starke Systeme eine Utopie verwirklichen könne. Sowohl der Kommunismus als auch der Faschismus haben dafür gesorgt, dass wir aus diesem Traum aufgewacht sind. Wir verloren den Glauben daran, dass durch ein optimales System jeder Mensch glücklich werden könne. Wie sehr dieses große Experiment – die „Utopie Menschheit" – missglückt ist, hat Alexander Solschenizyn in seinem Buch „Der Archipel Gulag" auf erschütternde Weise beschrieben.

Die Postmoderne antwortete auf dieses Scheitern, indem sie sich gegen jegliche Form von Systemen wehrte. In der Folge kam es zu einem immer stärker werdenden Individualismus. Jeder begann, nur noch für sich selbst zu leben, was schließlich zur Entwurzelung des Einzelnen führte. Die Themen „Beständige Veränderung" oder „Anpassung" sind in unserer Gesellschaft – vor allem in den vergangenen zehn Jahren – sehr wichtig geworden. Jeder, der nicht bereit ist, sich zu verändern oder anzupassen, ist kaum noch in der Lage, diese Gesellschaft erfolgreich mitzugestalten.

Prof. Dr. Gertrud Höhler beschäftigt sich in ihrem Buch „Die Sinnmacher. Wer siegen will, muss führen" mit dieser neu entstandenen so genannten „Abschiedskompetenz". Abschiedskompetenz bedeutet, dass ich stets bereit sein muss, von jeder neuen Situation, jeder neuen Organisationsform, jeder Form des Zusammenlebens Abschied zu nehmen. Höhler macht deutlich: Je höher die Abschiedskompetenz eines Menschen ist, desto größer wird auch seine Bindungsangst sein. Wenn der postmoderne Mensch also mit Sicherheit weiß, dass nichts sicher ist, was kann ihm dann Halt geben? Und wie kann er eine Beziehung gestalten, die trägt, wenn er doch in einer Gesellschaft lebt, in der er permanent von allen seinen Beziehungen Abschied nehmen muss?

Fassen wir zusammen: Wir leben am Anfang des 21. Jahrhunderts in einer Zeit ohne Orientierung. Wer gibt heute noch eine Richtung an, die ein erfülltes Leben ermöglicht?

Formen der Persönlichkeit

Romano Guardini, ein Kulturphilosoph des 20. Jahrhunderts, versteht unter dem Begriff „Richtung geben": „der Vergangenheit, der Gegenwart und der Zukunft eine Form geben". Er unterscheidet drei Ausdrucksformen unserer Person:

- Schicksalsgestalt,
- Wesensgestalt,
- Berufungsgestalt.

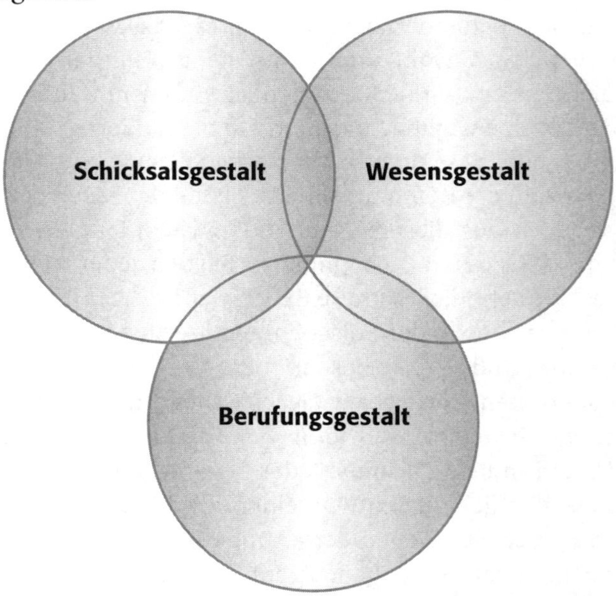

„Richtung geben = der Vergangenheit, der Gegenwart und der Zukunft eine Form geben" (Guardini)

Die Schicksalsgestalt

Die Schicksalsgestalt ist die Form, die der Mensch durch seine gesamte Geschichte annimmt. Diese Form stellt einen roten Faden dar, den man in der Geschichte einer Person wieder erkennen kann. Es ist die Geschichte, der man selbst Form gegeben hat, durch die man aber auch geformt wurde. Diese Geschichte gehört untrennbar zu einem Menschen, sie ist einzigartig und bildet das Fundament seiner Zukunft.

Die Wesensgestalt

Durch die Wesensform wird deutlich, welche Anlagen ein Mensch besitzt: wie seine Talente, seine Persönlichkeit, sein Verstand, seine Werte und sein Körper geschaffen sind. Die Wesensgestalt bezeichnet das gesamte „Paket", das ein Mensch von Anfang an mitbekommen hat. Diese Gestalt hat er nun weiterentwickelt und -geformt. Und nicht nur er selbst hat seine Fähigkeiten entwickelt, sondern sie wurden auch durch die Menschen um ihn herum und durch die Geschichte geformt, durch die er gegangen ist.

Die Berufungsgestalt

Die Gestalt, die den Auftrag eines Menschen beschreibt, nennt Guardini „Berufungsgestalt". Sie ist eine Kombination aus Schicksalsgestalt und Wesensgestalt. Wenn ein Mensch seine Geschichte, seine Persönlichkeit und seine Talente miteinander kombiniert, wird er herausfinden, welchen Auftrag er hat.

Victor E. Frankl

Victor E. Frankl, ein bekannter Psychiater aus Wien, macht in seinem Buch „Der Mensch vor der Frage nach dem Sinn" deutlich, dass jeder Mensch einen einmaligen Auftrag in seinem Leben hat – einen Auftrag, den nur er mit seiner Geschichte und seiner Persönlichkeit erfüllen kann. Der Mensch, so Frankl, solle sich in seinem Unterbewusstsein immer wieder die Fragen stellen: „Wer bin ich eigentlich, wo komme ich her und was ist mein Auftrag?"

Das gilt natürlich für ein Individuum ebenso wie für eine Familie, ein Unternehmen, eine Organisation und selbst für ein ganzes Land. Jede Gesellschaft hat ihre eigene Geschichte, ihre eigenen Wesensmerkmale und ihren eigenen Auftrag. Ausgehend von den drei eben erwähnten Fragen kann man herausfinden, was die Berufung einer Person (einer Familie, eines Unternehmens bzw. einer Gesellschaft) ist.

»»»» EXKURS

Europa – seine Schicksals-, Wesens- und Berufungsgestalt

Wer gibt in Europa die Richtung an? Wer formt, gestaltet, erneuert und fügt wieder zusammen, was getrennt wurde? Wenn wir diesen Fragen nachgehen, sollten wir uns zunächst mit unserer Schicksalsgestalt beschäftigen. Was ist unser Fundament und wo entstanden unsere typisch europäischen Werte und Tugenden?
Man denkt hier sicher zuerst an die griechische Kultur mit ihren Philosophen Sokrates, Plato und Aristoteles. Diese Denker waren beständig auf der Suche nach gesunden Grundlagen für die Gesellschaft. Mit ihren Überlegungen legten sie die Grundsteine für die europäischen Werte.
Eine weitere Wurzel ist die jüdisch-alttestamentliche Weltanschauung. Die vier Kardinaltugenden Klugheit, Gerechtigkeit, Tapferkeit und Mäßigung wurden durch Thomas von Aquin um die Grundtugenden Glaube, Hoffnung und Liebe ergänzt. Als sich der christliche Glaube durch die ersten Christen und unter widrigsten Umständen in ganz Europa ausbreitete, bekamen diese griechisch-jüdischen Grundtugenden eine Form und eine Richtung. Auf dem Fundament des Christentums wurden Schritt für Schritt die „sieben Säulen" der europäische Gesellschaft gebaut. Dr. Wim Rietkerk (Theologe, Philosoph und Leiter der *Labri*-Arbeit in den Niederlanden) hat diese sieben Säulen aus einer Geschichtsanalyse entwickelt, die ich hier übernommen habe und im Folgenden jeweils kurz erläutere.

Die sieben Säulen des Hauses Europa

1. Das lineare Konzept von Zeit und Geschichte

- Wir denken in einem linearen Zeitablauf. Dadurch hat alles, was wir heute tun, Folgen für morgen. Wir sind für unser Handeln verantwortlich – heute und morgen. Wir machen Geschichte.
- Romano Guardini sagte einmal: „Die Geschichte geschieht nicht von selbst, sie wird *gemacht*. Und daher sind wir auch für sie verantwortlich."
- Diese Ansicht steht im Gegensatz zu einer Auffassung, die davon ausgeht, dass sich die Geschichte stets wiederholt, wobei wir Gefangene sind, die Opfer der Geschichte.
- Die Auffassung, dass Zeit und Geschichte linear ablaufen, ist eine zutiefst jüdisch-christliche Ansicht, die in der Bibel immer wieder sichtbar wird. Jeder einzelne Mensch ist daher herausgefordert, selbst die Verantwortung für seine Entscheidungen und die Gestaltung seines Lebens zu übernehmen.

2. Die Bedeutung der Berufung des Menschen

- Der Mensch ist in die Welt hineinberufen, damit er seinem Leben und dieser Welt eine Form gibt. Es geht also nicht um eine schicksalhafte Existenz, sondern um ein Leben, in dem wir eine einzigartige Berufung haben.
- Die Grundlage unserer Weltanschauung liegt in dem Wissen, dass dieses Universum unendlich intelligent gestaltet ist. Dies setzt selbstverständlich voraus, dass es einen unendlich intelligenten Schöpfer geben muss. Er selbst ist es, der in Genesis 1, Vers 26 sagt, dass wir nach seinem Bilde geschaffen sind – und somit also berufen, unser Leben kreativ zu gestalten, andere zu lieben, sie zu führen, ihnen zu dienen und Nachkommen zu zeugen.
- Wir glauben als Europäer, dass jeder Mensch einmalig und ein einzigartiges Abbild von Gottes Wesen ist. Darum ist uns das Recht auf Bildung auch so wichtig, das für jeden Menschen gilt – egal, ob Mann oder Frau, Arm oder Reich.

3. Eine befreiende Sicht der Arbeit

- In vielen Religionen und Völkern wird Arbeit als ein notwendiges Übel betrachtet. Man verrichtet sie, um so viel Reichtum wie möglich anzuhäufen, damit man dann irgendwann nicht mehr arbeiten muss. Manche meinen auch, Arbeit (besonders einfache Arbeit) sei eine Art Strafe, um für begangene Fehler und Schuld zu büßen.
- Als Europäer betrachten wir Arbeit als ein Vorrecht, als eine Gelegenheit, unsere Fähigkeiten einzusetzen und zu trainieren. Dieser Auffassung liegt der Schöpfungsauftrag zu Grunde: Der Mensch wurde berufen, den Tieren einen Namen zu geben und die Erde zu gestalten. Wir sehen Arbeit also als eine Möglichkeit, unser Menschsein und unsere einzigartige Berufung auszuleben – sie ist heiliges Vorrecht, keine Strafe.

4. Die Würde des Menschen

- Die unerschütterliche Würde des Menschen geht darauf zurück, dass er ein Mensch und nach Gottes Bild durch ihn geschaffen und von ihm gewollt ist.
- In Psalm 139 lesen wir, dass Gott Tag und Nacht über jeden einzelnen Menschen nachdenkt, ganz gleich, ob dieser groß oder klein, reich oder arm ist. Allein schon diese Tatsache macht jeden Einzelnen unendlich wertvoll.
- Diese Grundwahrheit, dass Gott jeden einzelnen Menschen würdigt und liebt, erhält im Neuen Testament eine noch viel tiefere Bedeutung:
  Gott war bereit, seinen Sohn Jesus für uns sterben zu lassen, damit der Mensch seine Schuld, seine moralischen Verfehlungen nicht länger tragen

muss, sondern als freier Mensch die göttliche Würde erhält und in seine göttliche Bestimmung hineinfindet.

- Dieses Grundkonzept der Würde des Menschen ist dafür verantwortlich, dass es in Europa einen fast flächendeckenden Dienst an Kranken und Schwachen gibt. Überall dort, wo das Christentum sich ausbreitete, entstanden Krankenhäuser, soziale Einrichtungen, Schulen, Waisenhäuser und eine soziale Gesellschaft – weil jeder Mensch einzigartig berufen und von Gott gewollt ist.

5. Mediative Strukturen

- Demokratie ist eine optimale Regierungsform, die zwischen verschiedenen Gruppen von Menschen in der Gesellschaft vermittelt (Mediation). Europa ist der Kontinent, auf dem die Demokratie geboren und geformt wurde. Die Griechen haben einen Anfang gemacht, aber ihnen fehlte eine klare gemeinsame Weltanschauung, durch die die Demokratie verwurzelt und weiter hätte verwirklicht werden können. Und weil ihnen der Gedanke der Menschenwürde fremd war, ist es auch den Römern nicht gelungen, das Gedankengut der Demokratie umzusetzen.
- Erst als sich Europa durch die biblisch-christliche Weltanschauung zunehmend veränderte, entwickelten sich die ersten echten Formen der Demokratie, zunächst vor etwa 700 Jahren in der Schweiz und später, vor 450 Jahren, in den Niederlanden. Beide Demokratien sind auf der Grundlage klarer biblisch-christlicher Konzepte entstanden und ausgebaut worden und funktionieren heute noch.
- Europa ist der erste Kontinent, auf dem feste und intakte Strukturen entstanden, die sowohl die Individualität als auch die Gemeinschaft zur Entfaltung gebracht haben.

6. Eine klare moralische Ordnung

- Die Zehn Gebote, von Mose durch göttliche Inspiration empfangen, sind in den meisten europäischen Verfassungen Grundlage der Gesetzgebung. Zusammen mit dem Gebot „Liebe deinen Gott mit allem, was du bist, und deinen Nächsten wie dich selbst" bilden sie die Grundlage für eine intakte Gesellschaft.
- Überall dort, wo diese Grundlagen verleugnet werden, verliert ein Land den Zusammenhalt – und die Würde des Einzelnen sowie die des gesamten Landes gehen verloren. Ein Beispiel dafür ist die Französische Revolution: Im Namen der Freiheit wurde plündernd und mordend ein Land zerstört und anschließend der Weg für den selbst ernannten Gott Napoleon freigemacht, der dann wiederum das übrige Europa zu zerstören versuchte.

- Obwohl die Postmoderne die Europäer hat glauben lassen, es gäbe keinen Unterschied zwischen Gut und Böse – und obwohl verschiedenste fernöstliche Weltanschauungen ihr Bestes taten bzw. tun, um dies zu untermauern –, haben die Europäer ihre Sehnsucht nach Gerechtigkeit, Barmherzigkeit, Wahrheit und lebensgestaltender Liebe nie verloren. Nicht umsonst wird überall in Europa wieder über Normen und Werte nachgedacht und werden sich die Menschen wieder der Grundtugenden des jüdisch-christlichen Glaubens bewusst.

7. Die sozialpolitischen Werte

- Die Grundprinzipien Solidarität und Gleichwertigkeit sind für das jüdisch-christliche Welt-, Gottes- und Menschenbild von grundlegender Bedeutung.
- Wie schon an den Säulen 2, 4 und 6 deutlich wird: Es liegt in unserer Verantwortung, eine Gesellschaft zu bauen und zu bewahren, in der die Starken den Schwachen dienen und in der alle die gleiche Chance bekommen, sich zu entfalten. Das gilt sowohl für jedes einzelne Individuum als auch für die gesamte Gemeinschaft. Aus diesen Überlegungen heraus ist auch die Menschenrechtscharta entstanden, die die Menschen in Europa miteinander verbinden soll.
- Leider haben wir in unserer jüngsten Vergangenheit auch Schattenseiten erlebt. Wo die christlichen Werte gegen eine darwinistische Weltanschauung (die vom Recht des Stärkeren ausgeht) eingetauscht wurden, kam es in der Folge zu einer maßlosen Zerstörung menschlichen Lebens. Sowohl durch die Ideologie des Kommunismus als auch durch die des Faschismus kamen mehr als 50 Millionen Menschen ums Leben – und die zerstörerischen Kräfte dieser Systeme haben auch gegenwärtig noch einen starken negativen Einfluss auf die Gesellschaft. Das ist bis heute in Deutschland und in den ehemaligen Ostblockländern erkennbar.

Sinnlose Experimente wie der Kommunismus und der Faschismus wären nicht nötig gewesen, wenn sich die Menschen in Europa auf ihre Wurzeln – die europäischen Säulen – besonnen hätten. Umso wichtiger ist es nun, dass wir in Europa jetzt und auch zukünftig Millionen von gesunden Führungspersönlichkeiten ausbilden, die mit einer gesunden, auf biblisch-christliche Werte gegründeten, europäischen Weltanschauung aufwachsen und ihre Berufung erkennen: Menschen zu dienen und Strukturen mitzubauen, damit jeder in Würde leben kann.

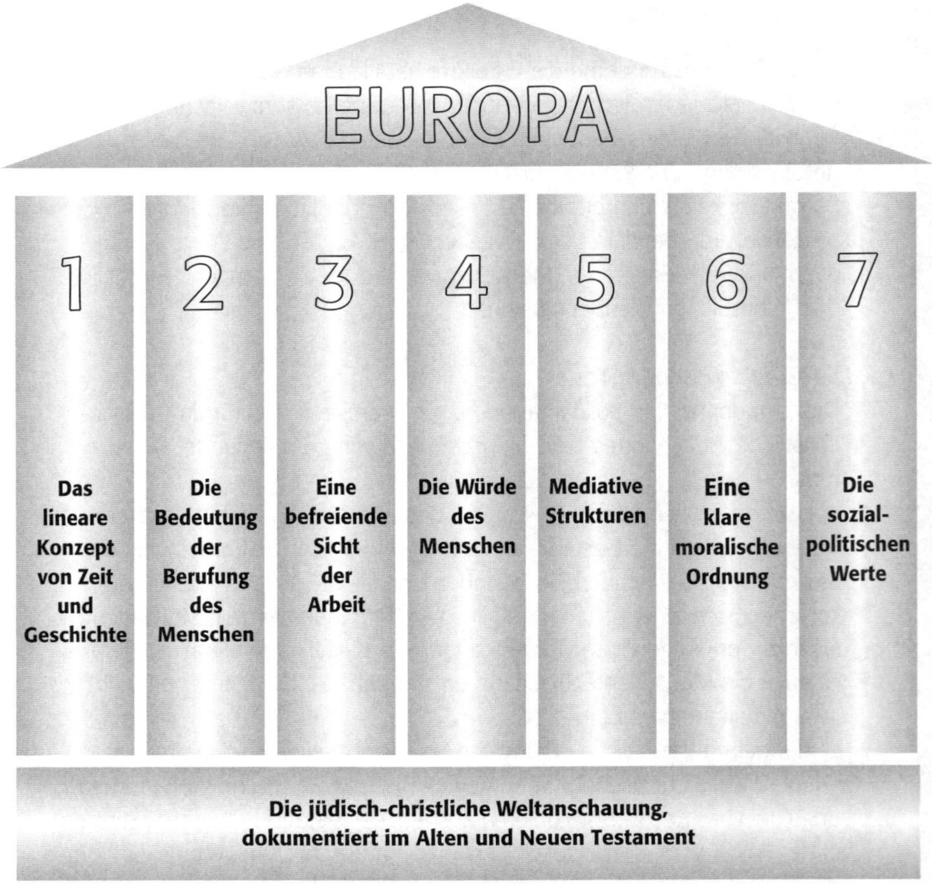

Europa, eine Völkergemeinschaft mit vielen Identitäten

480 nach Christus, zur Zeit der Völkerwanderungen, in deren Folge die Karten in Europa noch einmal völlig neu gemischt wurden, ging ein Kaufmannssohn in die Geschichte ein, dessen Leben eine umfassende Neuorientierung erfahren hatte. Sein Name war Benedikt von Nursia, der später auch als „Vater Europas" bekannt wurde.
Seine *Regula Benedicti* oder auch „Benediktsregel" setzt sich auf der Grundlage der vier Evangelien mit Werten, Normen und Tugenden auseinander, die das Leben und die Lehre von Jesus Christus in den Alltag übertragen.

Diese Regel wurde nicht nur millionenfach abgeschrieben, sondern vor allem durch viele christliche Gemeinschaften, ganze Dörfer und Städte in der Praxis angewandt. Auf diese Weise entwickelten sich im täglichen Leben nach und nach die sieben Säulen des Hauses Europa, und es breitete sich allmählich eine europäische Gesinnung aus – ausgehend von Italien über Spanien, Frankreich, Irland, Schottland, England, Holland, Deutschland und später bis ganz in den Norden, Osten und Süden Europas.

Die benediktinische Bewegung führte nicht nur dazu, dass sich an vielen Orten soziales Engagement entwickelte und Einrichtungen zu Bildung und Krankenpflege entstanden, sondern sie löste ebenfalls eine wachsende Demokratiebewegung aus. Aber auch Forschung, Literatur, Kunst und Sport begannen sich in ganz Europa zu entfalten und Produktivität und Innovation wurden zunehmend wichtiger.

Interessant ist, dass trotz einer gemeinsamen christlichen Weltanschauung und der gemeinsamen lateinischen Sprache in Europa eine enorme Vielfalt an Völkern mit eigenen Identitäten entstand. In dieser Vielfalt liegen die einzigartigen Berufungen Europas. Wir sind als Europäer berufen, mit unserer gemeinsamen griechisch-jüdisch-christlichen Weltanschauung Vielfalt in Einheit zu leben. Europa besteht aus vielen starken Identitäten (Völkern), die aber trotz ihrer Unterschiedlichkeit auf ein gemeinsames Fundament gegründet sind: das Christentum und die christliche Weltanschauung. Auf dieser Grundlage können wir so leben, wie Gott es für ein erfüllendes menschliches Dasein vorgesehen hat: *im Gleichgewicht zwischen Individualität und Gemeinschaft.*

Schon im Schöpfungsbericht wird dieser göttliche Grundgedanke, der Grundlage allen Seins ist, deutlich. Gott sagt: „Nun wollen *wir* Menschen machen, ein Abbild von *uns*, das *uns* ähnlich ist!" Der Gott der Juden und Christen ist ein Gott, der durch die Dreieinigkeit (Vater, Sohn und Heiliger Geist) sowohl Gemeinschaft als auch Individualität verkörpert. Und weil wir nach seinem Bilde – als Mann und Frau – geschaffen sind, brauchen wir echte Gemeinschaft mit anderen Menschen und verantwortungsvolle Beziehungen, damit Leben gelingen kann (siehe auch: „Grundzüge des Staates" von Sokrates und das hohepriesterliche Gebet im Johannesevangelium, Kapitel 17, Verse 1 bis 26). Jeder von uns braucht aber auch Individualität: die Freiheit und die Würde, er selbst sein zu dürfen. Ein mündiger Mensch ist ein Mensch, der sowohl in Freiheit als auch in Verantwortung lebt.

Und genau das mussten wir Europäer in den vergangenen 2.000 Jahren immer wieder – auch durch schmerzliche Erfahrungen – lernen: Wir standen und stehen vor der großen Aufgabe, eine Gemeinschaft von starken und verantwortungsbewussten Völkern (Identitäten) zu werden.

Dies kann nur auf einem festen Fundament gelingen. Auch wenn diese Einsicht durch zerstörerische Ideologien (deutscher Idealismus, Kommunismus, Faschismus und Kapitalismus) immer wieder aus dem Blick geraten, gilt weiterhin: Die jüdisch-christliche Weltanschauung ist und bleibt die Grundlage einer intakten Gesellschaft.

Ein Traum von Europa im Jahre 2020

Was wäre, wenn ...

... wir Europäer uns neu auf unser Fundament besinnen würden: auf Jesus Christus und unsere jüdisch-christlichen Wurzeln, die sowohl für das Individuum als auch für die Gesellschaft (Gemeinschaft) von tragender Bedeutung sind?

... wir Europäer offen und ehrlich unsere eigene Geschichte studieren, akzeptieren und versöhnt annehmen würden? So könnten wir die Machtfallen, die Irreführungen und Verführungen der vergangenen 3.000 Jahre erkennen und uns entscheiden, einen wahrhaft europäischen, einen dienenden Führungsstil zu entwickeln.

... dieser dienende, europäische Führungsstil in allen Bereichen der Gesellschaft eingeübt, ausgebaut und gelebt würde? Es würden junge Menschen aufwachsen, die ihr Fundament und ihre Zukunftschancen genau kennen.

... die „sieben Säulen des Hauses Europa" im Denken, Wirken sowie im gesamten Miteinander der Europäer überall auf dem Kontinent aufblühen würden? Hier meine ich übrigens nicht nur die 457 Millionen Menschen in den 25 EU-Staaten, sondern alle 720 Millionen Menschen in den 40 europäischen Nationen.

... Tugenden wie Glaube, Hoffnung, Liebe, Tapferkeit, Klugheit, Gerechtigkeit und Mäßigung wieder erstrebenswerte Ziele wären und der post-postmoderne Europäer sowohl eine befreiende Individualität als auch in einer intakten Gemeinschaft leben würde?

... die 40 Nationen *in varietate concordia* leben würden, in Vielfalt geeint? Es würde starke und gesunde Völkeridentitäten geben. Die Menschen der verschiedenen Nationen würden ihre eigene Kultur lieben und leben, aber auch gleichzeitig bereitwillig voneinander lernen.

… in allen 40 Nationen junge Leiter ausgebildet werden würden? Leiter, die über 20 Jahre gecoacht würden und so ihre Fähigkeiten auf einer soliden Grundlage – dem jüdisch-christlich-europäischen Fundament – entwickeln würden? Was wäre, wenn auf diese Weise starke Leiter mit einer dienenden Haltung heranwachsen könnten?

Während ich dies schreibe, denke ich natürlich sofort: Ist dies nur ein Traum, eine Utopie?
Für mich wird dieser Traum immer mehr zu einer Vision, und ich kann schon an vielen Stellen erkennen, wie Teile dieser Vision Wirklichkeit werden. Im Mai 2005 haben sowohl die Franzosen als auch die Niederländer den Entwurf einer europäischen Verfassung abgelehnt. Warum? Weil die Europäische Union zu viel Macht an die Gemeinschaft (die Bürokratie in Brüssel) abgegeben hat, sie zu wenig Freiraum lässt und die Individualität (der einzelnen Länder) zu wenig respektiert. Zusätzlich wurden in diesem Entwurf unsere jüdisch-christlichen Wurzeln bewusst unterschlagen. Stattdessen sollte aus einem sehr kurzsichtigen Geschichtsverständnis heraus eine Mischung aus Humanismus und französischem Freiheitsdrang zu einem alles und nichts sagenden Grundkonzept entwickelt werden.
Wir befinden uns heute an einem Wendepunkt: Einerseits eröffnen sich uns große Möglichkeiten, andererseits aber auch viele Gefahren. Viele Unternehmen lernen heutzutage die Tugenden und die Bedeutung eines ausgereiften Charakters wieder neu zu schätzen. Es ist kein Zufall, dass viele Führungskräfte in der Wirtschaft den Gründer Europas, Benedikt von Nursia, wieder neu entdecken – und durch ihn die Wurzeln Europas, eben ein starkes und stabiles Fundament.
Otto von Habsburg sagte einmal: „Europa ist unter dem Kreuz zu haben oder gar nicht." Und Bundespräsident Horst Köhler betonte in seinem Plädoyer für den Gottesbezug in der Europäischen Verfassung: „Wir brauchen eine ethische Grundlage für unser Handeln mitsamt der Verpflichtung, mit Mensch und Schöpfung auf unserem Planeten verantwortungsvoll umzugehen.
Das Christentum weist uns einen richtigen Weg."
Ich möchte Sie mit diesem Buch einladen, sich auf Entdeckungsreise zu begeben und einen guten, europäischen Führungsstil kennen zu lernen.

Gesunde Leiterschaft

Wer ist dafür geeignet, in einer sinnentleerten Zeit Orientierung zu bieten? Zum Beispiel Männer und Frauen mit einer starken Persönlichkeit, die Führungsqualitäten besitzen. Nun fragen Sie sich vielleicht: Gibt es diese Männer und Frauen überhaupt? Gibt es denn Vorbilder für starke Führungspersönlichkeiten?

Ich denke, ja. Natürlich gibt es auch viele Beispiele für ungesunde Leiterschaft – man schaue sich nur die unzähligen Formen von Korruption und Machtmissbrauch an. Manfred Kets de Vries sagte einmal zu diesem Thema: „Nichts ist gefährlicher als Leiter, die sich selbst nicht kennen und sich auch nicht selbst leiten." Die große Frage ist also: Was ist gesunde Leiterschaft und wie entwickelt man sie?

Bevor ich versuche, darauf eine Antwort zu geben, möchte ich noch näher auf den Charakter eines Leiters eingehen.

Die Person des Leiters

Leiter sind ganz normale Menschen mit einer einzigartigen Kombination aus unterschiedlichen Begabungen. Jeder Mensch besitzt solch ein einzigartiges Talente-Paket. Aber Menschen in Führungsverantwortung haben durch ihre Fähigkeiten und Möglichkeiten einen viel stärkeren Einfluss auf die Menschen in ihrem Umfeld, in ihren Organisationen und in ihren Unternehmen.

ein starker, selbstbewusster Leiter ↓ starke und selbstbewusste Mitarbeiter	ein ängstlicher Leiter ↓ ängstliche Mitarbeiter
ein respektvoller Leiter ↓ erzeugt Respekt bei seinen Mitarbeitern	ein Leiter, der seine Macht missbraucht ↓ Machtmissbrauch vervielfältigt sich
ein dienstbereiter Leiter ↓ dienstbereite Mitarbeiter	ein korrupter Leiter ↓ korrupte Mitarbeiter

Mit anderen Worten: Leiter formen zu einem großen Teil den „genetischen Code“ einer Familie, eines Unternehmens, einer Organisation oder einer Gesellschaft.

Romano Guardini hat den Einfluss, den ein Mensch auf seine Umwelt ausübt, in drei Kategorien eingeteilt: 60 Prozent meines Einflusses auf eine andere Person wird durch mein *Sein* bestimmt – durch das, was ich bin. 30 Prozent des Einflusses, den ich auf jemanden ausübe, wird durch das bestimmt, was ich tue – durch mein *Handeln*. Meine *Worte* aber haben nur einen Einfluss von zehn Prozent. Ich kann also interessante Geschichten erzählen und damit zehn Prozent Einfluss ausüben, aber eigentlich werden die Menschen viel mehr dadurch beeinflusst, wer ich bin und wie ich handle. Darauf reagieren sie; mein Sein und mein Tun sind für sie ein Maßstab. Der Leiter multipliziert somit sein Gedankengut und seinen Lebensstil viel stärker durch seine Person und durch die Art und Weise, wie er arbeitet, denkt und sich verhält.

Nikolaus Ludwig von Zinzendorf

Ein Beispiel für gute Leiterschaft ist Nikolaus Ludwig Graf von Zinzendorf (1700–1763). Er lebte zur Zeit des Barock, einer Zeit, in der man es für selbstverständlich und richtig hielt, dass ein Mann seine Frau schlagen darf. Selbst die Christen vertraten damals die Auffassung, dass eine Frau dem Kind gleichgestellt werden müsse. So, wie man sein Kind züchtigte, so behandelte man auch seine Frau.

Zinzendorf nahm jedoch die Maßstäbe seiner Zeitgenossen nicht einfach so hin. Er machte sich auf die Suche nach einem neuen Umgang zwischen Mann und Frau. In seiner siebten Rede, die er an seine Mitstreiter richtete, schrieb er Folgendes: „Liebe Männer, wenn ihr nach eurem Tod vor dem Thron Gottes steht, wird die erste Frage, die Gott euch stellt, sein: Wie bist du mit meiner Tochter umgegangen, die ich als ein Lehen an deine Seite gestellt habe? Hast du ihr gedient, sie mit Respekt behandelt? Bist du ihr Freund gewesen und hast du sie gesegnet? Hast du ihr Raum gegeben, sodass sie sich zu der Person entwickeln konnte, die sie ist? Oder hast du sie allein für dich selbst gebraucht?“

Diese Fragen veränderten ganz radikal die Sichtweisen von Leiterschaft und der Beziehung zwischen Mann und Frau. Zinzendorf entwickelte neue Formen des Zusammenlebens für die Brüdergemeinden in Deutschland, Holland, England, Tansania, Südafrika, Russland und Nepal. Durch den Bau von kleinen Dörfern, in denen Hingabe und respektvolle Beziehungen gelebt wurden, beeinflusste er viele Menschen seiner Zeit.

An diesem Beispiel wird deutlich, wie der Einfluss eines einzelnen Mannes das Zusammenleben zu verändern begann. Zinzendorf hat mit seinem Engagement neue Maßstäbe gesetzt und diente vielen als Vorbild für gute Leiterschaft. Sein Leben hat sich vielfach multipliziert – durch die Art, wie er lebte und mit anderen umging.

Jean-Jacques Rousseau
Ein weiteres Beispiel für Leiterschaft ist der französische Philosoph Jean-Jacques Rousseau, der ein Zeitgenosse von Zinzendorf war. Rousseau betonte immer wieder, wie wichtig das Recht auf Freiheit für jeden Menschen ist. Sein Freiheitsdrang reichte allerdings so weit, dass er einerseits vier Kinder zeugte, sie jedoch ab ihrem dritten Lebensjahr in ein Waisenhaus gab. Rousseau nahm sich die Freiheit, Kinder zu haben, aber er war nicht bereit, die Verantwortung für ihre weitere Erziehung zu übernehmen. Später schrieb er verschiedene Bücher über Kindererziehung, die noch heute die Pädagogik beeinflussen.

Auch am Beispiel von Rousseau wird der Einfluss einer Führungspersönlichkeit deutlich – und was geschieht, wenn sie für sich selbst keinen Anlass sieht, die notwendigen Konsequenzen zu ziehen.

Zusammenfassend können wir sagen: Der Charakter eines Leiters ist deshalb so wichtig, weil er ein besonderes Gaben-Paket besitzt sowie den Auftrag hat, sich zu „multiplizieren".

Ein Traum!

Ich träume von einer deutschen Nation, die ungefähr folgendermaßen aussieht:

In allen Bereichen der Gesellschaft (Erziehung, Familienleben, Politik, Wohlfahrt, Geschäftswelt, Wissenschaft, Kirche, Sport, Medien, Kunst, Jugend usw.) wachsen Tausende von charakterstarken und dienstbereiten Leitern heran. Es sind Leiter, die die Auffassung vertreten, dass Freiheit und Verantwortung ganz selbstverständlich untrennbar miteinander verbunden sind. In meinem Traum entwickelt sich Deutschland zu einem Land, in dem alle historisch gewachsenen Talente zur Entfaltung kommen und unzählige Menschen bereichern – über die Grenzen hinweg in viele Länder der Welt. Es ist ein Deutschland, in dem die christlichen Wurzeln gute Früchte hervorbringen, in allen Generationen und allen Schichten der Gesellschaft. Deutschland wird ein Land sein, dessen Bevölkerung wieder für ihre tiefe Dankbarkeit gegenüber Gott bekannt ist, von dem alles Gute, Vollkommene und Heil machende kommt.

Das klingt vielleicht ein bisschen zu vermessen für ein Land, das mit 80 Millionen Einwohnern gerade einmal 6 Prozent der Größe Chinas besitzt. Doch jede Vision ist am Anfang der Traum eines Einzelnen und nicht gleich der einer ganzen Nation.

Was ist Ihr Traum für Ihr Leben, für Ihre Familie, für Ihr Unternehmen, Ihre Organisation, für Ihre Stadt? Ich möchte Ihnen in den folgenden Kapiteln gern zeigen, wie eine starke Leiterschaft entstehen und wie die Entwicklung eines guten Führungsstils ganz praktisch aussehen kann – mit anderen Worten: wie Leiter ausgebildet werden können, die Visionen der Zukunft entwickeln und ihnen Gestalt geben und dadurch für ihre Mitmenschen zum Segen werden.

2. Gesunde Leiterschaft

Was ist Gesundheit? Diese Frage kann ich natürlich nicht in ein paar Sätzen beantworten, aber ich kann zumindest versuchen, eine Umschreibung für das zu geben, was Gesundheit bedeuten kann.

Nach Ansicht der Weltgesundheitsorganisation WHO ist ein Mensch dann gesund, wenn sein Leib, seine Seele und sein Geist sowie seine Beziehungen und seine Finanzen gesund sind. Man könnte auch sagen: Gesundheit ist ein Gleichgewicht zwischen allen Bereichen des Lebens.

In Bezug auf Leiterschaft würde ich Gesundheit als ein Gleichgewicht zwischen Ruhe und Arbeit, zwischen Kontemplation (Ruhe und Hören) und Aktion, zwischen Geben und Empfangen, zwischen Herrschen und Dienen beschreiben. Oder um es prägnanter zu fassen: *als Leben in positiver Spannung.* Unser Körper funktioniert, wenn Spannung vorhanden ist. Nur dann fließt das Blut, wohin es soll, nur dann arbeitet unser Nervensystem. Wenn in meinem Körper keinerlei Spannung mehr vorhanden wäre (viele Menschen möchten sich ja gern total entspannen), wäre ich tot. Suchen Sie besser nicht die totale Entspannung, denn das wäre Ihr Tod.

Unser Körper braucht Spannung. Das Leben besteht aus einer gesunden Form von Spannung. Hat unser Körper zu viel davon, kann das auch zum Tod führen, weil eine zu hohe Spannung das System so unter Druck setzt, dass es schließlich zusammenbricht.

Eine dritte Möglichkeit besteht in einer zu einseitigen Spannung. Eine einseitige Spannung führt fast immer zu einer Erkrankung beziehungsweise zu einer ungesunden Lebensweise. Für einen Leiter gibt es mindestens ein Spannungsfeld, das ihn bei seiner Arbeit und seiner persönlichen Entwicklung herausfordert: Es besteht zwischen dem Leiten von Menschen und der Erledigung von Aufgaben. Wer in diesem Spannungsfeld ein Gleichgewicht findet, wächst aktiv in eine gesunde Art von Leitung hinein.

Ausgewogenheit zwischen Charakter- und Fachkompetenzentwicklung

Wenn jemand Leiter wird, befinden sich sein Charakter und seine Fachkompetenz häufig auf gleichem Niveau. Wenn sich aber im Verlauf seines Wachstumsprozesses seine Fachkompetenz, seine Führungsqualitäten und sein Know-how schneller weiterentwickeln als sein Charakter, entsteht ein Ungleichgewicht. Wissen und Fähigkeiten können in der Regel recht schnell und problemlos erworben werden, während die Charakterentwicklung oft einen sehr viel längeren Weg braucht. Der Abstand zwischen Kompetenz und Charakter kann sehr groß werden.

Von Romano Guardini stammt der Ausspruch: „Die Macht des Menschen wird immer größer, aber kann er diese Macht auch mit seiner Seele tragen? Kann er mit Macht und Autorität umgehen?“ Zu den negativen Auswirkungen von Macht gehört es, wenn sich jemand aufbläht oder arrogant ist oder mit viel Gerede und viel Getue daherkommt. Ein solches Verhalten ist häufig auf das Bedürfnis nach Anerkennung zurückzuführen, mit der die eigene innere Unsicherheit kompensiert werden soll. In der Regel vertrauen Mitarbeiter einem solchen Leiter nicht, weil sie sehr schnell merken, dass er zwar Fachkompetenz besitzt, aber wenig vertrauenswürdig ist. Wenn man es mit einem solchen Leiter zu tun hat, sollte man ihm trotzdem folgen, um sich selbst weiterzuentwickeln.

Charakter und Fachkompetenz können aber auch in einem umgekehrten Verhältnis zueinander stehen: In diesem Fall ist der Charakter einer Leitungsperson sehr stark entwickelt, während die Kompetenz unverändert bleibt. Das heißt: Sein Charakter, seine Dienstbereitschaft, seine Selbsterkenntnis und seine Disziplin entfalten sich – sein Wissen und seine Führungsqualitäten bleiben jedoch auf der Strecke. Solche Leiter sind zwar sehr verantwortungsbewusst, aber es fehlen ihnen das notwendige Handwerkszeug für eine gute Leiterschaft und das nötige Know-how, um andere ebenfalls in diesem Bereich voranzubringen. Dies führt oft dazu, dass sie die mangelnden Kenntnisse durch mehr Arbeit und Hingabe kompensieren. Viele Mitarbeiter schätzen solche Leiter zwar wegen ihrer Hingabe, aber sie haben meist kein Vertrauen in ihr Können. Die Unsicherheit im Team wächst und alle fragen sich: „Wohin geht die Reise? Weiß unser Leiter wirklich, was er tut?“ Ein solcher Leiter läuft darüber hinaus sehr häufig Gefahr auszubrennen.

Mitarbeiter in gemeinnützigen Organisationen berufen sich oft auf den Ausspruch in Matthäus 20, Vers 28, wo Jesus mit den Worten zitiert wird: „[…] der Menschensohn ist nicht gekommen, um sich bedienen zu lassen, sondern um zu dienen.“ Nicht selten ist damit die Einstellung verbunden, ein guter Charakter und eine demütige Haltung seien das Wichtigste – und alles andere komme dann von selbst. Häufig wird aber übersehen, was Jesus wirklich meint: Der Wunsch, ein Leiter zu sein, ist an sich zunächst einmal etwas sehr Gutes. Aber eine solche Aufgabe ist mit sehr viel Arbeit verbunden, denn die Gabe des Leitens muss entwickelt werden – und zwar in einem ausgewogenen Verhältnis von Charakter und Fähigkeiten. Dazu gehört vor allem: „Werde ein Diener der anderen!“, was so viel bedeutet wie: „Unterstütze andere, damit sie erfolgreich sind, investiere dich in sie, damit sie sich weiterentwickeln.“ Das ist nach den Vorstellungen Jesu das Geheimnis guter Leiterschaft.

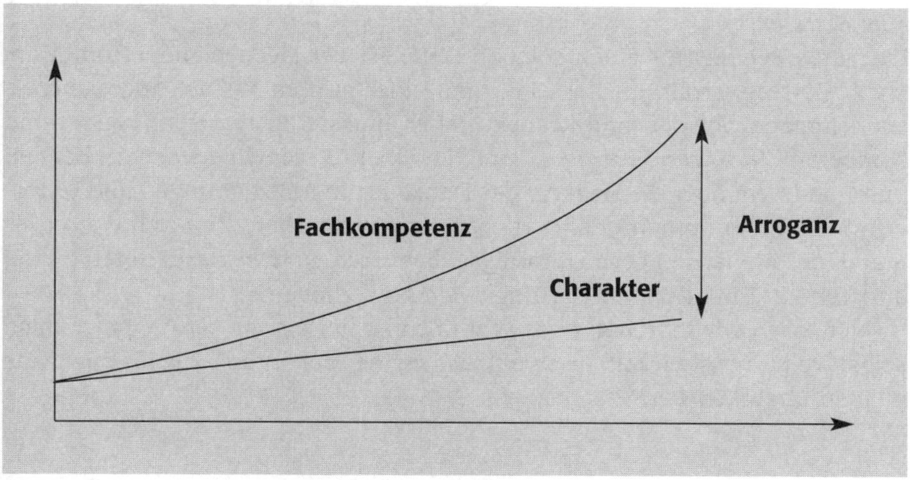

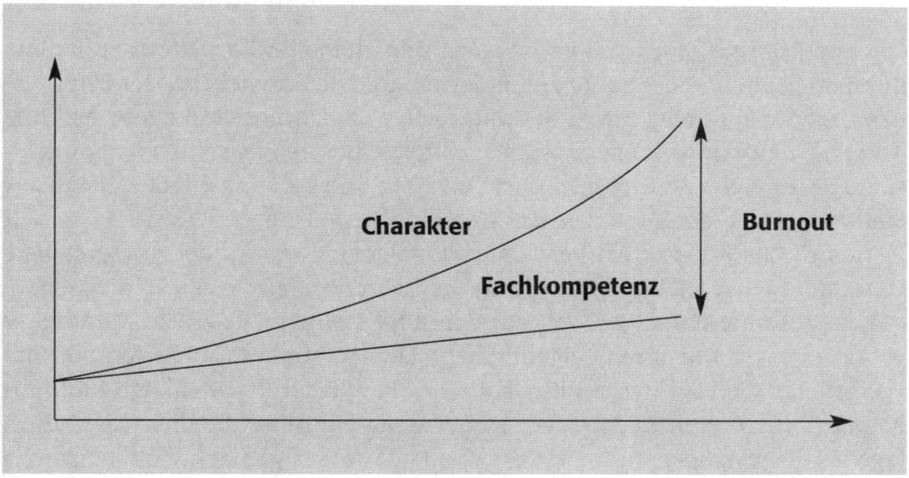

Auch der zweite Brief an Timotheus wird im Zusammenhang mit Leiterschaft häufig zitiert. Paulus schreibt darin an seinen Mitarbeiter: „Was du von mir gehört hast vor vielen Zeugen, das befiehl treuen Menschen an, die tüchtig sind, auch andere zu lehren" (2. Timotheus 2,2; Luther). Paulus beauftragt Timotheus also, Menschen auszuwählen, die nicht nur treu sind, sondern auch *die notwendigen Gaben* mitbringen.

Wenn Sie sich und andere im Leitungsdienst trainieren wollen, sollten Sie stets darauf achten, dass Sie sowohl den Charakter als auch die Fachkompetenz weiterentwickeln.

Tom Marshall
Ein gutes Beispiel für einen solchen Leiter ist der Neuseeländer Tom Marshall. Dieser war ein kleiner Mann mit einer großen Vision, und er besaß eine Hingabe, vor der man Respekt haben musste. Er war sehr begabt und kompetent. In seinen Vorträgen sprach er über die verschiedensten Themen, unter anderem über die Struktur des Denkens, über Beziehungen und Leiterentwicklung. Er sprach und lehrte auf der ganzen Welt. Zugleich war er jemand, der Menschen gern zuhörte, sie begleitete und sie darin unterstützte, anderen zur Entfaltung ihrer Fähigkeiten zu verhelfen.

Menschen wie Marshall waren für mich immer ein großer Ansporn, mich selbst weiterzuentwickeln – sowohl was meine Fachkompetenz als auch was meinen Charakter betrifft.

Ausgewogenheit zwischen Menschen- und Ergebnisorientierung

Oberste Priorität eines Leiters muss es sein, seinen Mitarbeitern zu helfen, ihre Fähigkeiten und Talente zu entdecken und zu entwickeln. Der Erfolg eines Leiters hängt vom Erfolg der Mitarbeiter ab. Darüber hinaus ist es seine Aufgabe, dafür zu sorgen, dass jedes Mitglied des Teams seinen Platz findet, seine persönliche Berufung entdeckt und lebt und sie auch mit der Vision des Unternehmens (der Organisation, Gemeinde usw.) verbindet.

Aus dieser Perspektive betrachtet war Jesus Christus der erfolgreichste Leiter der Menschheitsgeschichte. In drei Jahren trainierte er 120 Menschen, die die gesamte damalige Welt auf den Kopf stellten. Diese 120 Mitarbeiter versahen nicht nur ihren „eigentlichen" Dienst, sondern förderten auf ihre Weise eine Vielzahl von Multiplikatoren, die wiederum unzählige Multiplikatoren ausbildeten ... Aus dieser Bewegung wurde schließlich die Grundlage für die westliche Kultur. (Was wir später daraus gemacht haben, ist eine andere Geschichte.)

Weise investieren

Wenn ich jedoch all meine Energie in die Förderung von Menschen investiere, laufe ich Gefahr auszubrennen. In dieser Situation befinden sich zwei Unternehmen, die ich nun seit einigen Jahren als Berater begleite. Die Geschäftsführer hatten eine große Vision davon, wie sie ihren Mitarbeitern dienen und ihnen helfen wollten, sich weiterzuentwickeln und zu entfalten. Sie investierten sehr viel in gute Kommunikation, räumten den Mitarbeitern viel Mitspracherecht ein und versuchten, sie so gut wie möglich anzuleiten und dabei die Begabungen jedes Einzelnen zu berücksichtigen. Nach einigen Jahren merkten sie jedoch, dass die Produktion immer mehr zurückging.

Die beiden Geschäftsführer fragten sich, ob es wirklich zutrifft, dass Menschen, die an ihrem Arbeitsplatz glücklich sind, automatisch auch gute Ergebnisse abliefern. Auf die Mitarbeiter in ihren Unternehmen schien das nicht zuzutreffen. Die Direktoren merkten, dass sie sich nicht länger nur auf ihre Mitarbeiter und deren Entfaltung konzentrieren durften. Sie erkannten, dass sie (und jeder einzelne Mitarbeiter) auch in Bezug auf die Resultate eine klare Vision entwickeln mussten. Gerade noch rechtzeitig änderten sie ihre Strategie und erreichten auf diese Weise ein Gleichgewicht zwischen Mensch und Ergebnis.

Als Leiter sind Sie also nicht nur für die Menschen, sondern auch für das gemeinsam zu erreichende Ziel verantwortlich.

Ohne gute Resultate gibt es keinen Gewinn, ohne Gewinn keine Möglichkeit zu investieren, ohne Investition kein Raum für Kreativität, und ohne Kreativität gibt es keine neuen Produkte. In einem hart umkämpften Markt, in dem selbstbewusste Kunden hohe Ansprüche stellen, ist ein hohes Maß an Professionalität und Effizienz notwendig. Natürlich kann man auch mit einer unprofessionellen und ineffizienten Arbeitsweise ganz nett zueinander sein – und dann im Anschluss gemütlich miteinander Pleite gehen.

Im Gegenzug handelt ein Leiter auch dann unausgewogen, wenn er sein Augenmerk allein auf das Resultat richtet. In einer Firma oder Organisation, in der ausschließlich das Ergebnis zählt und alles nur in Zahlen gemessen wird, bleibt der Mensch auf der Strecke. In einem solchen Arbeitsumfeld „überleben" nur die Starken – immer mit der Angst im Nacken, einmal nicht mehr mithalten zu können. Wenn es Ihnen als Leiter nur um Selbstbereicherung geht, wird es automatisch auch das Ziel aller Ihrer Mitarbeiter werden. Die Folgen: Individualisierung, egozentrisches Verhalten, soziale Inkompetenz, Schwächung des Immunsystems (von Mensch und Organisation), emotionale und körperliche Erkrankung, sinkende Produktivität – und schneller, als Sie denken, befinden Sie sich in einer Abwärtsspirale. Es geht beim Leiten also nicht nur um eine Ausgewogenheit zwischen Charakter und Fachkompetenz, sondern auch um ein Gleichgewicht zwischen Menschen- und Ergebnisorientierung.

Auch Jesus handelte nicht nur menschen-, sondern auch ergebnisorientiert und erwartete von seinen Jüngern ebenso konkrete Resultate. Nach seiner Auferstehung forderte er seine Nachfolger auf: „Darum geht nun zu allen Völkern der Welt und macht die Menschen zu meinen Jüngern und Jüngerinnen! Tauft sie im Namen des Vaters und des Sohnes und des Heiligen Geistes, und lehrt sie, alles zu befolgen, was ich euch aufgetragen habe"

(Matthäus 28,19–20). Es handelt sich hier um einen sehr konkreten Auftrag, der mit einem in festen Größen ausdrückbarem Ergebnis verbunden ist.

Vier Möglichkeiten zu wachsen

Ich habe versucht, die beiden Spannungsfelder (Ergebnis – Mensch und Charakter – Fachkompetenz) in der folgenden Übersicht zueinander in Beziehung zu setzen:

	Charakterentwicklung	**Fachkompetenzentwicklung**
um Resultate zu erzielen	**Disziplin**	**Management**
um Menschen zur Entfaltung zu bringen	**Demut (Dienstbereitschaft)**	**Kommunikation**

Demut (Dienstbereitschaft)

Der Begriff „Demut" (Dienstbereitschaft) ist einem Bereich zugeordnet, den ich mit „Charakterentwicklung, um Menschen zur Entfaltung zu bringen" überschrieben habe. Dienstbereitschaft oder auch der „Mut zu dienen" ist nötig, wenn man Menschen fördern will. Als Leiter widmen Sie Ihren Mitarbeitern einen Teil Ihrer Zeit, die Sie auch ebenso gut in Ihre eigene Karriere investieren könnten.

Disziplin

Der Begriff „Disziplin" bezieht sich auf die „Charakterentwicklung, um Resultate zu erzielen". Ohne Disziplin wird man nicht ans Ziel gelangen. Man benötigt Disziplin, um seine Aufmerksamkeit auf den Prozess zu richten und die richtigen Schritte zu unternehmen. Auch ein Leiter muss Disziplin üben, denn nur unter dieser Voraussetzung kann er von seinen Mitarbeitern ebenso Disziplin und gute Ergebnisse erwarten.

Kommunikation

Die Kommunikation gehört zum Bereich „Fachkompetenzentwicklung, um Menschen zur Entfaltung zu bringen“. Menschen fördern, coachen, anleiten – all das kann nur durch Kommunikation geschehen. Der Leiter unterstützt seine Mitarbeiter in der Entwicklung ihrer Fähigkeiten. Die Weitergabe von Fachkompetenz ist eine gute Möglichkeit, um seine Kommunikationsfähigkeit auszubauen.

Management

Dieser Begriff ist der „Kompetenzentwicklung, um Resultate zu erzielen“ zugeordnet. Management bedeutet, Menschen dazu zu befähigen, selbstständig zu den richtigen Ergebnissen zu gelangen und sich in ihrem Arbeitsumfeld weiterzuentwickeln. Hier spielen die Themen Zielfindung, Strategie-, Organisations- und Strukturenentwicklung eine besonders wichtige Rolle.

Jeder Leiter ist einzigartig und besitzt eine einzigartige Kombination von Fähigkeiten, Persönlichkeitsmerkmalen und Werten. Das bedeutet jedoch auch, dass er in der Entwicklung seiner Führungskompetenz wahrscheinlich zu einem der vier Wachstumsbereiche (Charakter, Fachkompetenz, Entwicklung von Ergebnissen, Förderung von Menschen) eine besondere Affinität hat. Dennoch liegt es in seiner Verantwortung als Leiter, diese vier Wachstumsbereiche ausgewogen zu verfolgen.

3. Natürliche Autorität

Menschen folgen lieber jemandem, dem sie vertrauen. Mit anderen Worten: Sie wollen – was den Charakter und die Fachkompetenz ihres Leiters angeht – Sicherheit. Sie wollen, dass der Leiter eine natürliche Autorität besitzt, „ein Mandat“. Die Mitarbeiter geben einem Leiter ein Mandat, sodass er seine Aufgabe als Leiter erfüllen kann.

Ein Mandat bezeichnet freiwillig übertragene Autorität.

Jesus Christus

Ein gutes Beispiel dafür können wir im 10. Kapitel des Johannesevangeliums finden, wo Jesus zusammenfasst, was gesunde Leiterschaft ist. Zugleich spricht er hier auch über natürliche Autorität. Die Bibelstelle in Johannes 10, Verse 1 bis 21 berichtet von einem Hirten, der seine Schafe an einen Ort führt, an dem sie selbst aktiv sein und ihr Leben genießen können. Folgendes ist mir beim Lesen des Textes aufgefallen:

- Der Hirte ist dem Wächter bekannt. Dieser entscheidet darüber, wer zu den Schafen kommen darf. Er verleiht dem Hirten somit das Mandat einzutreten.
- Der Hirte nennt alle seine Schafe mit Namen. Ein guter Leiter kennt jeden seiner Mitarbeiter persönlich: seine Persönlichkeit, seine Geschichte, seinen Auftrag.
- Die Schafe folgen dem Hirten, weil sie seine Stimme kennen. Die Mitarbeiter kennen ihren Leiter. Er geht ihnen voran und gibt die Richtung an. Er ist ihr Vorbild, sorgt für sie und gibt ihnen Raum, damit sie sich entfalten können.

Aus diesem kurzen Abschnitt geht hervor, dass die Schafe ihrem Hirten gern und freiwillig folgen.

Ob jemand wirklich eine Führungspersönlichkeit ist oder nicht, entscheidet sich an der Frage, ob ihm andere Menschen folgen.

Der gute Hirte setzt sein Leben für seine Schafe ein. Das wird in diesen Versen insgesamt dreimal erwähnt (Verse 11,14 und 17). Daran wird deutlich, wie wichtig es ist, dass ein Leiter hinter seinen Mitarbeitern steht und sie fördert.

Zusammenfassend kann festgehalten werden: Ob jemand ein Mandat für seine Leiterschaft bekommt, hängt ab von seiner Vorbildfunktion, seiner Fachkompetenz, seinem Charakter, seiner Hingabe sowie davon, wie gut sich Mitarbeiter und Leiter kennen. Dies alles bildet die Grundlage für natürliche Autorität. Sie wächst, wenn Menschen Schritt für Schritt ihr Vertrauen in eine Person setzen, von deren Qualitäten sie überzeugt sind.

Als Leiter wachsen: ein Mandat bekommen

In der folgenden Grafik sehen Sie eine Treppe, die die vier Stufen von Leitung illustriert. Es handelt sich um die Leitung der eigenen Person sowie die Leitung von Projekten, Menschen und Organisationen. Wenn jemand in dieser Reihenfolge Verantwortung übernimmt und auf diese Weise Leiterschaft lernt, dann sind die Voraussetzungen sehr gut, dass sich sein Charakter und seine Fachkompetenz weiterentwickeln. Und nicht zuletzt bekommen die Mitarbeiter in diesem Wachstumsprozess die Gelegenheit herauszufinden, welche Persönlichkeit ein Leiter hat, welche Fähigkeiten er besitzt und ob sie ihm vertrauen können.

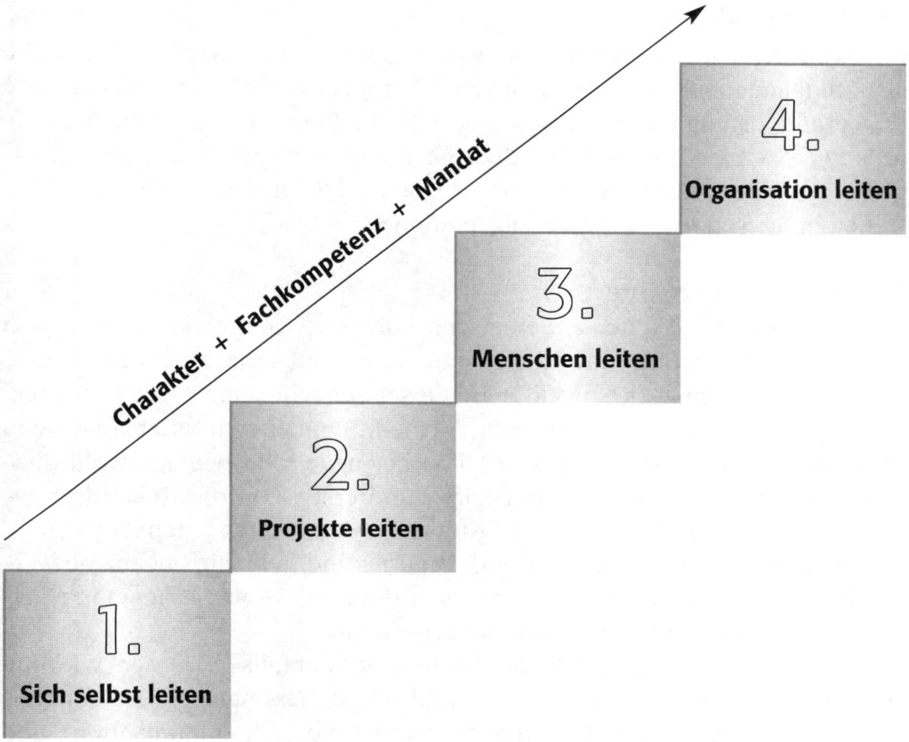

Schritt 1: Sich selbst leiten

Die Grundlage des christlichen Menschenbildes ist der Entschluss Gottes: „Nun wollen wir Menschen machen, ein Abbild von uns, das uns ähnlich ist!“ (1. Mose 1,26). Daraus ergibt sich, dass wir Menschen in einer Vielzahl von Beziehungen leben, zum Beispiel:

- Mensch – Schöpfer,
- Diener – Herrscher,
- Freund – Freund,
- Kind – Vater/Mutter.

Weil jeder Mensch in Beziehungen lebt, hat auch jeder Mensch den Auftrag, Leitung zu übernehmen. Ich habe ja bereits die verschiedenen Ebenen erwähnt, auf denen man Leitung ausüben kann. Zunächst einmal ist jeder berufen, sich selbst zu leiten. Am besten beginnen Sie auf dieser Stufe. Werden Sie Ihr eigener Coach. Entwickeln Sie Ihr eigenes Trainingsprogramm, um sowohl Ihren Geist als auch Ihre Seele und Ihren Körper fit zu halten.

Wer sich nicht selbst vertraut und sich nicht respektiert, kann auch nicht erwarten, dass andere ihm Respekt und Vertrauen entgegenbringen. Fangen Sie also bei sich selbst an und investieren Sie in Ihre Weiterentwicklung.

Schritt 2: Projekte leiten

Projektarbeiten sind ein gutes Übungsfeld, um zu lernen, wie man leitet: Alle Teammitglieder entwickeln gemeinsam Lösungen und Sie selbst tragen keine Endverantwortung für Ihre Kollegen. Durch die Teamarbeit können Ihre Mitarbeiter erkennen, wie sich Ihr Charakter und Ihre Fachkompetenz entwickeln. Auf diese Weise haben sie die Möglichkeit zu erkennen, ob sie ihr Vertrauen in Sie setzen und Ihnen folgen können.

Beispiel: Die Firma *Gore*

Die Firma *Gore* (die unter anderem den Kunststoff *Goretex* herstellt) ist ein gutes Beispiel dafür, wie Projektarbeit funktionieren kann. Wenn das Unternehmen einen Manager einstellt, wird dieser zunächst einem Team zugeteilt und muss mit diesem gemeinsam unter einem Teamleiter arbeiten. Erst wenn die Kollegen davon überzeugt sind, dass der neue Mitarbeiter sowohl Charakter als auch Fachkompetenz besitzt, und erst wenn das Team dies gemeinsam beschlossen hat, wird er zum neuen Teamleiter ernannt.

Ein Leiter ist eine Person, der andere gerne und freiwillig folgen. Sie werden in der Regel erst dann zum Teamleiter ernannt, wenn das Team nach einer bestimmten Zeit Vertrauen in Sie gefasst hat.

Durch projektbezogene Arbeiten können Sie ebenfalls gut lernen, wie man verantwortungsvoll mit Zeit umgeht und wie Projektmanagement funktioniert. Auch in den Bereichen „Umgang mit Geld“, „Kommunikation“ und „Entwicklung einer Strategie“ können Sie wachsen. Aber Projekte leiten können Sie erst, nachdem Sie sich selbst trainiert und gecoacht haben.

Schritt 3: Menschen leiten

Menschen werden Ihnen folgen, wenn Sie sich selbst und Projekte verantwortungsvoll leiten können. Sie werden sich Ihnen gern unterordnen, wenn sie merken, dass Sie vertrauenswürdig sind. Wenn Sie Menschen leiten wollen, sollten Sie mit einem kleinen Team von nicht mehr als zwei bis fünf Mitarbeitern beginnen. Versuchen Sie, sich in den Bereichen „Kommunikation“, „Coaching“, „Beratung“ und im Erzielen guter Resultate weiterzuentwickeln. Menschen zu leiten ist sehr kompliziert, denn ein Mensch ist sehr viel komplexer, als eine Maschine es je sein kann. Nehmen Sie sich Zeit, um Schritt für Schritt Leitungskompetenz zu entwickeln.

Schritt 4: Organisationen leiten

Die nächste Stufe – die Leitung einer Organisation (eines Unternehmens, einer Gemeinde usw.) – ist noch einmal sehr viel komplexer als die Leitung eines Projektes oder einer Gruppe von Menschen. In einer Organisation sollen sich Menschen entfalten können, müssen Strukturen geschaffen, Finanzen geordnet und geeignete Kommunikationswege eingerichtet werden. Zu den Aufgaben in einem Unternehmen gehört es außerdem, Kunden zu gewinnen, Lieferanten zu erreichen, das Marketing aufzubauen und Produkte zu verkaufen. Leiter sind dafür verantwortlich, dass Neues entwickelt und Bestehendes ausgebaut wird. Die Leitung einer größeren Organisation ist unwahrscheinlich komplex. Diese Herausforderung – eine Aufgabe, die Strategie-, Organisations- und Personalentwicklung sowie Finanzplanung umfasst – kann nur mit einer umfassenden Fachkompetenz bewältigt werden. Menschen werden Ihnen dann ein Mandat für Ihre Leiterschaft übertragen, wenn sie merken, dass Sie die vier Bereiche „Fachkompetenz", „Charakter", „Menschenorientierung" und „Ergebnisorientierung" im Blick haben und in einem ausgewogenen Verhältnis weiterentwickeln.

Der Beginn der Leiterschaft

Wann ist der beste Zeitpunkt dafür, mit dem Leiten zu beginnen? Wenn ich gewählt worden bin? Wenn ich einigermaßen perfekt bin? Wenn ich in ausgezeichneter gesundheitlicher Verfassung bin? Nein! Sie können *jetzt* beginnen! Sie sind ein Leben lang berufen, sich selbst zu leiten. Dieses Buch vermittelt Ihnen Ideen, wie Sie es anpacken können. Ich möchte Sie herausfordern, jetzt mit diesem Prozess zu beginnen. Versuchen Sie einmal, Ihre Tätigkeit und alle Aufträge, die Sie erhalten, als Projekte zu sehen und sie auch so zu behandeln. Arbeiten Sie mit Hingabe an Ihrer Leitungsaufgabe, lernen Sie dadurch, und bemühen Sie sich darum, dass Sie die bestmöglichen Ergebnisse erzielen.

Werde ich jemals aufhören, ein Leiter zu sein? Nein! Sie sind heute befähigt, die Leitung für das zu übernehmen, was Sie heute tun. Und gleichgültig, ob Sie nur für sich selbst, eine kleine Gruppe oder eine ganze Organisation Leitungsverantwortung haben: Alle vier Leitungsebenen bleiben wichtig. Vergessen Sie die ersten zwei Stufen, geraten Sie völlig aus dem Gleichgewicht. Früher oder später werden Sie Ihr Mandat verlieren. Ich kenne nicht wenige Leiter großer Organisationen, die vergessen haben, sich selbst zu leiten. Sie haben aus ihrem persönlichen Leben eine Rumpelkammer gemacht, weil sie viel zu sehr damit beschäftigt waren, die Organisation in die richtige Richtung zu lenken. Noch einmal: Behalten Sie stets alle Stufen im Blick. Ich wünsche Ihnen viel Spaß bei Ihrer lebenslangen „Entwicklungsreise" und den Mut, neue Herausforderungen zu meistern.

Zusätzliche Wachstumsmöglichkeiten

Um mein Konzept für Leiterschaftstraining zu vervollständigen, habe ich in die Mitte der Grafik auf Seite 35 noch ein fünftes Feld angefügt, das die Überschrift „Mandat (Autorität)" trägt. Dieses Feld steht im Mittelpunkt meiner

Übersichtsdarstellung. Wer sich in allen vier Wachstumsbereichen (Fachkompetenz, Charakter, Menschenorientierung und Ergebnisorientierung) weiterentwickelt, schafft dadurch die Voraussetzungen, um auch mehr Autorität zu erlangen. Wenn man verantwortungsvoll mit seinem Mandat umgehen will, steht man vor einigen großen Herausforderungen. Mit fünf von ihnen will ich mich in den nächsten Kapiteln dieses Buches näher beschäftigen:

1. in der Autorität als Leiter wachsen,
2. durch Normen und Werte leiten,
3. Ausgewogenheit zwischen Aktion und Kontemplation,
4. Gemeinschaft stiften,
5. sich in Hingabe üben.

Persönliches Wachstum

Die folgende Übersicht entstand aus der 25-jährigen Erfahrung im Leiten und Coachen anderer Leiter. Sie soll Ihnen dabei helfen, ein Trainingsprogramm für Ihre persönliche Entwicklung zu entwerfen. Jeder der fünf Grundbereiche (Mandat, Demut, Kommunikation, Disziplin und Management) – stellt einen Lernbereich dar.

Ich würde Ihnen empfehlen, dass Sie sich pro Jahr immer nur auf jeweils ein Thema aus jedem der fünf Bereiche konzentrieren. Wenn Sie alle fünf Bereiche im Blick behalten und sich um ein Gleichgewicht zwischen Charakter- und Fachkompetenzentwicklung einerseits und zwischen ergebnis- und menschenorientiertem Leiten andererseits bemühen, ist Ihr Trainingskonzept ausgewogen. Diese erste Übersicht wird Ihnen helfen, Ihr Leiterschaftstraining so konkret und praktisch umsetzbar wie nur möglich zu machen.

Übersicht: persönliches Wachstum

	Charakter – Haltung	Fachkompetenz – Fähigkeit
Ergebnis	**Disziplin** 1. Wortwahl 2. Zeit 3. Geld 4. Gedanken 5. Gesundheit	**Management** 1. Visionen entwickeln, andere inspirieren 2. Strategien entwickeln 3. Organisation entwickeln 4. Marketing und Verkauf 5. Finanzplanung
Mensch	**Demut (Dienstbereitschaft)** 1. sich selbst verstehen und annehmen 2. berufen sein und nicht getrieben von Angst 3. lernbereit sein 4. vergeben und Vertrauen aussprechen 5. Respekt und Achtung zeigen	**Kommunikation** 1. zuhören und Fragen stellen 2. andere motivieren und Anerkennung zeigen 3. trainieren und ermutigen 4. moderieren, Besprechungen konstruktiv leiten 5. präsentieren

Mandat (Autorität)

1. gesunder Umgang mit Macht und Autorität
2. leiten durch klare Normen und Werte
3. Ausgewogenheit zwischen Aktion und Kontemplation
4. gesunde Teams aufbauen
5. Hingabe

Eine erste Einschätzung

Manfred Kets de Vries, der Leiter des *Global Leadership Center* in Fontainebleau, betont, dass Selbstreflexion eine der wichtigsten Eigenschaften eines gesunden und effektiven Führungsstils im 21. Jahrhundert ist. „Gute Leiter sind fähig, persönliche Verantwortung zu übernehmen, und schieben die Schuld nicht auf andere, wenn etwas schief läuft. Sie haben Talent für Selbstbeobachtung und Selbstanalyse. Sie sind hoch motiviert, Zeit in die Selbstreflexion zu investieren“ (Manfred K. de Vries, in: *Harvard Business Review*, Januar 2004, Seite 71).

Das vorliegende Buch will Sie herausfordern, sich selbst einzuschätzen. Aus diesem Grund finden Sie in jedem Kapitel einen Workshop. Auf den folgenden Seiten haben wir 25 Bereiche aufgelistet und erläutert, in denen Sie wachsen können – es sind 25 Herausforderungen, die von Ihnen gemeistert werden wollen.

Workshop 1.1: Übersicht über Ihr persönliches Wachstum

Beurteilen Sie zunächst selbst Ihre Fähigkeiten in jedem der 25 Bereiche. Vergeben Sie dafür Noten von 1 bis 10 („1“ steht für „sehr schlecht“/„sehr wenig“ und „10“ für „sehr gut“/„sehr viel“). In den Spalten A bis C haben drei weitere Personen die Möglichkeit, Ihre Fachkompetenz einzuschätzen. Sie können zum Beispiel je eine Person aus Ihrem Arbeitsumfeld, Ihrer Familie und Ihrem Freizeitbereich auswählen. Eine weitere Möglichkeit: Bitten Sie drei Personen aus Ihrem Arbeitsumfeld um eine Einschätzung. Person A kann zum Beispiel Ihr Leiter sein, Person B ein Kollege und Person C ein Ihnen unterstellter Mitarbeiter. Bei allen Fremdeinschätzungen ist wichtig, dass Sie Menschen finden, die Ihre Person und Ihren Arbeitsstil konstruktiv einschätzen wollen. (Tipp: Kopieren Sie die Tabellen mehrmals, sodass jeder der Befragten ein leeres Formular für die Einschätzung erhält.) Viel Spaß beim Ausfüllen bzw. beim Ausfüllenlassen sowie bei den anschließenden Gesprächen mit den Personen, die Sie beurteilt haben.

Workshop 1.1: Übersicht über Ihr persönliches Wachstum

Name: **Vergeben Sie jeweils Punkte zwischen 1 und 10**

Autorität	Selbsteinschätzung	A	B	C
1. Umgang mit Macht und Autorität » Wie viel Autorität haben folgende Personen Ihrer Meinung nach an die oben genannte Person übertragen: – Gott, – der/die Einzuschätzende selbst, – sein/ihr Vorgesetzter, – seine/ihre Mitarbeiter, – seine/ihre Kunden? » Wie geht er/sie mit der ihm/ihr übertragenen Macht um?				
2. Normen und Werte » Welche Werte hat er/sie in Bezug auf Leiterschaft und wie setzt er/sie sie im täglichen Leben um? » Wie gut vermittelt er/sie diese Werte seinen/ihren Mitarbeitern?				
3. Ausgewogenheit zwischen Aktion und Kontemplation » Mit wie viel Gelassenheit erledigt er/sie seine/ihre Aufgaben? » Wie gut gelingt es ihm/ihr, positive Gewohnheiten zu entwickeln, um zur Ruhe zu kommen, und wie gut achtet er/sie auf seine/ihre geistige und seelische Gesundheit?				
4. Gesunde Teams aufbauen » Wie gut gelingt es ihm/ihr, Freundschaften zu schließen und mit den betreffenden Personen ein inspirierendes Team zu bilden? » Wie gut gelingt es ihm/ihr, bei der Umsetzung von Ideen die einzelnen Mitglieder des Teams im Blick zu behalten?				
5. Hingabe » Wie gut und wie ausdauernd beschäftigt er/sie sich mit Menschen? » Wie gut gelingt es ihm/ihr, sich in seine/ihre Aufgaben zu vertiefen, und wie bewusst ist ihm/ihr der eigene Auftrag? » Wie konsequent strebt er/sie in seiner/ihrer Arbeit nach einer hohen, aber umsetzbaren Qualität?				

Name: **Vergeben Sie jeweils Punkte zwischen 1 und 10**

Demut/Dienstbereitschaft	Selbsteinschätzung	A	B	C
1. Selbstkenntnis und Selbstannahme » Wie gut gelingt es ihm/ihr, die eigene Geschichte, Persönlichkeit, seine/ihre Talente, Schwächen und Stärken anzunehmen? » Wie gut kennt er/sie die eigenen Lebensziele?				
2. Gelassenheit und Verantwortung » Wie groß ist seine/ihre Angst, nicht gut genug zu sein, nicht akzeptiert zu werden, die Kontrolle oder den Respekt von anderen zu verlieren? » Wie schätzen Sie die Art und Weise ein, in der er/sie Verantwortung übernimmt und damit dem eigenen Leben eine Richtung gibt?				
3. Lernbereitschaft » Wie groß ist seine/ihre Bereitschaft, von anderen zu lernen: – vom anderen Geschlecht? – von anderen Kulturen? – von anderen Altersgruppen? » Wie aktiv bemüht er/sie sich darum, die eigenen Fähigkeiten weiterzuentwickeln, um damit andere besser zu verstehen und ihnen dienen zu können?				
4. Konfliktbewältigung und Vergebungsbereitschaft » Wie gut kann er/sie mit Enttäuschungen umgehen? » Wie zeitnah kann er/sie einen Konflikt bewältigen, indem er/sie das Problem zur Sprache bringt und es konstruktiv zu lösen versucht?				
5. Respekt » Wie beurteilen Sie seine/ihre Haltung (u. a. den Respekt) gegenüber dem anderen Geschlecht, Kindern, älteren sowie schwächeren Personen? » Wie gut ist seine/ihre Art, andere Menschen wertzuschätzen?				

Name: **Vergeben Sie jeweils Punkte zwischen 1 und 10**

Kommunikation	Selbsteinschätzung	A	B	C
1. Zuhören und Fragen stellen » Wie gut kann er/sie zuhören? » Wie schätzen Sie seine/ihre Art und Weise ein, Fragen zu stellen? Kann er/sie andere motivieren, offen und frei zu erzählen, was sie beschäftigt?				
2. Motivieren und wertschätzen » Wie schätzen Sie seine/ihre Fähigkeit ein, aufrichtig gemeinte Komplimente zu machen und diese mit konkreten, positiven Beobachtungen zu untermauern? » Wie ist die Art, wie er/sie anderen gegenüber Dankbarkeit zum Ausdruck bringt?				
3. Coachen » Wie viel Einsatzbereitschaft zeigt er/sie, wenn es darum geht, in die Weiterentwicklung anderer zu investieren? » Wie viel, wenn es darum geht, anderen zu helfen, ein gesundes Selbst- bzw. Verantwortungsbewusstsein zu entwickeln?				
4. Moderieren und Besprechungen eine konstruktive Form geben » Wie beurteilen Sie seine/ihre Fähigkeit, eine Besprechung zu leiten, in der jeder zu Wort kommt und in der gleichzeitig ein konkretes Ergebnis zustande kommt? » Wie ist seine/ihre Fähigkeit, ein Treffen zu leiten, in das sich jeder aktiv selbst einbringen kann?				
5. Präsentieren und öffentlich vortragen » Wie gut lassen sich die Informationen in seiner/ihrer Präsentation in der Praxis umsetzen? » Wie gut ist die Präsentation in Bezug auf ihren Unterhaltungswert und die Verständlichkeit und wie sehr inspiriert sie die Zuhörer, etwas Neues zu wagen?				

Name: **Vergeben Sie jeweils Punkte zwischen 1 und 10**

Disziplin	Selbsteinschätzung	A	B	C
1. Umgang mit Worten » Sind seine/ihre Worte aufbauend, ermutigen sie und bauen sie Brücken innerhalb des Teams? » Ist er/sie zynisch, übertreibt oder neigt er/sie zu Klatsch und Tratsch?				
2. Zeitmanagement » Wie beurteilen Sie seinen/ihren Umgang mit Zeit? » Wie gut gelingt es ihm/ihr, Prioritäten zu setzen (zwischen wichtig und weniger wichtig, dringend und weniger dringend), und wie gut hält er/sie sich daran?				
3. Umgang mit Geld » Wie beurteilen Sie seine/ihre persönliche finanzielle Planung? (Berücksichtigen Sie dabei auch die Planungen, die er/sie in der Vergangenheit gemacht hat.) » Wie frei ist er/sie von Geldsorgen?				
4. Denkweise » Wie schnell, wie klar und wie verständlich kann er/sie Gedanken formulieren? » Wie beurteilen Sie die Art und Weise, wie er/sie Informationen filtert und Gedanken und Ideen aufnimmt?				
5. Gesundheit » Wie beurteilen Sie seine/ihre psychische Gesundheit? » Wie beurteilen Sie seine/ihre körperliche Gesundheit? » Wie beurteilen Sie die Art und Weise, wie er/sie sich um die eigene Gesundheit sorgt? Tut er/sie aktiv etwas für seine/ihre emotionale und körperliche Gesundheit?				

Name: **Vergeben Sie jeweils Punkte zwischen 1 und 10**

Management	Selbsteinschätzung	A	B	C
1. Visionäres Denken » Wie beurteilen Sie seine/ihre persönliche Vision hinsichtlich einer bestimmten Zielgruppe? » Wie beurteilen Sie seine/ihre Fähigkeit, andere zu inspirieren, das Beste für ein gemeinsames Ziel zu geben?				
2. Strategisches Handeln » Wie beurteilen Sie seine/ihre Fähigkeit, eine systematische und allgemein verständliche Strategie zu entwickeln? » Wie beurteilen Sie seine/ihre Fähigkeit, strategische Ziele in konkrete, realisierbare Aktivitäten umzusetzen?				
3. Organisation » Wie schätzen Sie seine/ihre Begabung ein, klare und effektive Strukturen zu entwickeln, die seine/ihre Strategie unterstützen? » Wie schätzen Sie seine/ihre Fähigkeit ein, Organisationsformen zu entwickeln, die seinen/ihren Mitarbeitern klare Richtlinien und Sicherheit geben?				
4. Marketingkonzept » Wie beurteilen Sie sein/ihr Vermögen, sich in den Kunden und seine Fragen und Wünsche hineinzuversetzen? » Wie beurteilen Sie seine/ihre Fähigkeit, aus dieser Haltung heraus Marketingkonzepte zu entwickeln und Kunden zu begeistern?				
5. Finanzplanung » Wie beurteilen Sie seine/ihre Fähigkeit, einen Geschäftsplan für eine neue Unternehmung oder ein neues Projekt zu entwickeln? » Wie gut hat er/sie den Cash-Flow und die Investitionsplanung im Blick?				

4. Wie coache ich mich selbst?

Im vergangenen Kapitel haben Sie Ihre Fähigkeiten in den fünf Wachstumsbereichen Autorität, Demut, Kommunikation, Disziplin und Management eingeschätzt. Wählen Sie nun aus den 25 einzelnen Punkten fünf Schwerpunkte heraus, um zu konkretisieren, welche speziellen Fähigkeiten Sie in diesem Jahr trainieren wollen. Dies ist das Grundgerüst für Ihren persönlichen Entwicklungsplan. Das Training Ihrer Fähigkeiten erfolgt dann auf drei verschiedenen Ebenen.

Effektives Training auf drei verschiedenen Ebenen

1. Ebene: Formales Training

Mit formalem Training meine ich die Teilnahme an einem (Online-)Kurs oder Seminar. Das Ziel eines solchen Kurses besteht darin, dass Sie lernen, die gehörten Informationen umzusetzen. Nehmen Sie sich dafür Zeit, und lassen Sie sich wirklich herausfordern, sich intensiv und immer wieder mit dem Thema auseinander zu setzen. Die Kommunikationswissenschaften haben herausgefunden, dass ein Mensch eine Information etwa siebenmal hören muss, bevor bei ihm wirklich „der Groschen fällt".

Das sage ich aus eigener Erfahrung. Zunächst macht mich meine Frau darauf aufmerksam, dass ich mich einmal mit einer bestimmte Sache beschäftigen sollte. Ich entgegne: „Du hast Recht, das ist wirklich wichtig" – ändere mein Verhalten aber nicht und vergesse den Hinweis wieder. Ein bisschen später spricht mich ein Mitarbeiter auf das gleiche Thema an. Ich sage ihm: „Du hast völlig Recht, damit muss ich mich einmal befassen" – und mache weiter in der Annahme, dass sich das Problem schon irgendwann von selbst lösen wird. Manchmal dauert es zwei Jahre, bis ich dann an einer Konferenz teilnehme, auf der eben dieses Thema erneut angesprochen wird. Und dann beginne ich auf einmal zu begreifen – der Groschen fällt.

Und was passiert nun? Plötzlich bin ich völlig davon überzeugt, dass dieses Thema, diese Angelegenheit, unheimlich wichtig ist. Ich komme nach Hause und erzähle meiner Frau und meinen Mitarbeitern von der neuen Inspiration, meiner neuer Perspektive. Ich weiß jetzt ganz genau, was ich tun muss! Die Mitarbeiter schauen mich dann meist nur mit großen Augen an und fragen sich: *Warum hört der Donders nie darauf, wenn wir ihm etwas sagen? Warum muss er immer erst woanders hingehen und von anderen hören, was wir ihm schon zehnmal gesagt haben?* (Nun ja, es waren dann wahrscheinlich nicht zehn Male, aber vier-, fünf- oder sechsmal haben sie diesen Punkt sicher schon erwähnt.) Und zufällig war es das siebte Mal, als ich dieses für mich so wichtige Thema auf der Konferenz hörte und es mir wichtig wurde.

Vor allem Menschen, die Leitungsfunktion übernehmen, haben manchmal Schwierigkeiten damit, wirklich wahrzunehmen, was andere ihnen sagen. Sie beschäftigen sich gleichzeitig mit vielen Themen und hören daher häufig nicht so aufmerksam zu. Ein Kurs oder ein Seminar kann ihnen dabei helfen, tiefer in das Thema einzusteigen – was ihnen die Gelegenheit gibt, die Information erneut und auf eine Weise zu hören, dass eine Veränderung beginnen kann.

2. Ebene: Informelles Training

Es reicht nicht aus, nach siebenmaligem Hören nur davon überzeugt zu sein, dass es wichtig sein könnte, neue Gewohnheiten einzuüben. Genauso wichtig ist es, auch wirklich damit anzufangen und diese neue Gewohnheit konsequent – mindestens ein Jahr lang – einzuüben. „Informelles Training“ bedeutet, eine Fähigkeit täglich auf verschiedene Weise zu trainieren: durch Übungen an der Arbeitsstelle, zu Hause, in der Gemeinde oder im Verein. Nur so können Sie sich weiterentwickeln. Ohne einen Coach ist dies jedoch beinahe unmöglich.

Wenn ich lernen will, aufmerksam zuzuhören, mache ich mir Gedanken: *Wie kann ich diese Eigenschaft in meinem Alltag lernen?* Eine gute Übung, um sich in dieser Fähigkeit zu trainieren, besteht darin, anderen Fragen zu stellen, anstatt selbst viel zu erzählen. Ich kann im Grunde überall lernen zuzuhören – bei meinen Kindern, bei meiner Frau, an meiner Arbeitsstelle, in der Gemeinde, bei meinen Freunden und im Sportverein. Ich tue mein Bestes, um so viel und so häufig wie nur möglich zuhören zu lernen.

In diesem Zusammenhang wurde mir die Zahl 36 sehr wichtig. Ein deutscher Orthopädagoge hat einmal herausgefunden, dass man eine bestimmte Verhaltensweise etwa 36-mal trainieren muss, bevor daraus eine neue Gewohnheit wird. In den folgenden Kapiteln finden Sie eine Vielzahl von Übungsideen, die Ihnen dabei helfen sollen, verschiedene Fähigkeiten zu trainieren.

3. Ebene: Selbststudium

Selbststudium ist untrennbar mit eigenverantwortlichem Handeln verbunden. Fangen Sie an, sich durch Lesen, Sehen und Hören von relevanten Informationen mit dem Thema zu beschäftigen, für das Sie sich entschieden haben. In diesen Kontext gehört die Zahl 72: Wenn nach siebenmaligem Hören schließlich der Groschen gefallen ist, haben Sie genau drei Tage (72 Stunden) Zeit, um auf das Gehörte zu reagieren. Wenn Sie dies nicht innerhalb dieser drei Tage tun (d. h. nicht mit dem Training beginnen), schmilzt die neue Erkenntnis wie Schnee unter der Sonne. Dieser Zusammenhang wurde bereits durch deutsche Untersuchungen festgestellt.

Im hinteren Teil des Buches finden Sie eine kleine Literaturliste, die Sie in Ihrem Selbststudium unterstützen soll.

Workshop 1.2: Wachstum

Geben Sie für jeden der vier Bereiche an, welche Fähigkeit Sie entwickeln und wie Sie dies erreichen wollen. Machen Sie sich auch Gedanken darüber, wen Sie bitten könnten, Ihnen dabei zu helfen, am Ball zu bleiben. Welches Buch wollen Sie über dieses Thema lesen?

	Charakter – Haltung	Fachkompetenz – Fähigkeit
ergebnisorientiert	**Disziplin** Thema: Training: Coach: Buch:	**Management** Thema: Training: Coach: Buch:
menschenorientiert	**Demut (Dienstbereitschaft)** Thema: Training: Coach: Buch:	**Kommunikation** Thema: Training: Coach: Buch:

Mandat (Autorität)

Thema:

Training:

Coach:

Buch:

Fünf Schwerpunkte pro Jahr

Zum Erstellen Ihres persönlichen Entwicklungsplans übertragen Sie die Grafik von Seite 44 auf ein DIN-A4-großes Blatt. Notieren Sie in jedem Feld, welche Fähigkeit Sie trainieren wollen, und geben Sie jeweils zwei bis drei Übungen an, mit deren Hilfe Sie diese Fähigkeiten im Alltag trainieren können. Überlegen Sie sich, wer Ihnen bei der Umsetzung dieser Übungen als Coach zur Seite stehen könnte. Notieren Sie sich in einem vierten Schritt den Titel eines Buches, das sich mit dem jeweiligen Thema befasst und das Sie in diesem Jahr lesen wollen. Auf diese Weise erhalten Sie eine Übersicht über fünf Schwerpunkte, die Sie in den nächsten Monaten angehen können.

Kapitel 2:
Der Umgang mit Autorität

Im letzten Kapitel wurde deutlich, dass ein Leiter im Laufe der Zeit mehr Autorität bekommen kann. Sein Mandat ist einerseits von seiner Charakter- und Fachkompetenzentwicklung abhängig, andererseits von seiner Fähigkeit, ergebnisorientiert zu arbeiten, ohne den Menschen aus dem Blick zu verlieren.

Der Begriff „Mandat" bezeichnet in diesem Buch „natürliche Autorität". Nun stellt sich die Frage: Wie gehe ich mit der mir übertragenen Autorität um? Was geschieht mit mir, wenn ich Autorität bekomme? Welche Wirkung hat Autorität auf mich? Autorität ist eng mit dem Begriff „Macht" verknüpft. Viele Menschen schrecken zurück, wenn sie dieses Wort hören. „Macht korrumpiert", sagen wir manchmal. „Je mehr Macht ein Mensch besitzt, desto korrupter wird er." Stimmt das?

Wenn dies der Fall wäre, wie sollen wir dann mit der Tatsache umgehen, dass Jesus Christus von sich gesagt hat: „Gott hat mir unbeschränkte Vollmacht im Himmel und auf der Erde gegeben" (Matthäus 28,18)? Offenbar war Jesus zweifellos in der Lage, mit Macht umzugehen, ohne dabei korrupt zu werden. Wie können wir uns im Umgang mit Macht weiterentwickeln und es gleichzeitig schaffen, nicht von ihr abhängig werden? In diesem Kapitel werden wir uns deshalb unter anderem genauer mit folgenden Aspekten beschäftigen:

- der Begriff „Macht",
- das Mandat,
- positiver Umgang mit Macht,
- negativer Umgang mit Macht,
- Freiheit im Umgang mit Macht.

Romano Guardini und die Macht

Wer war dieser Mann und warum ist das, was er gesagt hat, für unseren Zusammenhang so wichtig? Lassen Sie mich mit einem kurzen Überblick über sein Leben beginnen.

»»»» EXKURS

Romano Guardini

Romano Guardini wurde am 17. Februar 1885 in Italien geboren. Mit seinen Eltern und den drei Brüdern zog er in jungen Jahren nach Deutschland, wo sein Vater als Konsul für die italienische Botschaft arbeitete. Guardini wuchs in Deutschland auf und studierte später Chemie und Verwaltungswissenschaften an verschiedenen Universitäten. Doch er brach sein Studium nach einigen Semestern wieder ab. Als er schließlich ein Theologiestudium beginnen wollte, war sein Vater anfangs nicht sehr begeistert, willigte aber dann doch ein. 1912, mit 27 Jahren, wurde Guardini zum Priester geweiht.

Sehr schnell wurde der junge Theologe zu einer leitenden Persönlichkeit in der „Quickborn-Bewegung", die ihr Zentrum auf Burg Rotenfels am Main hatte. Guardini wurde nicht nur zum Vorbild für viele junge Menschen, sondern schrieb auch zahlreiche Bücher. Darüber hinaus lehrte er als Professor für biblisch-christliche Weltanschauung in Berlin, Tübingen und München. Im Dritten Reich musste er seine Lehrtätigkeit aufgeben. Hitler erteilte ihm Sprechverbot, weil er sich gegen die nationalsozialistische Ideologie auflehnte. Nach dem Zweiten Weltkrieg setzte Guardini sein Werk fort und verfasste noch mehr als hundert Bücher.

Was an Romano Guardini besonders beeindruckt, ist, dass er sowohl Kulturphilosoph als auch Theologe war – und noch dazu ein großer Kenner der Kunstgeschichte. Viele Philosophen halten ihn für einen der scharfsinnigsten Denker des vergangenen Jahrhunderts. 1962 erhielt Guardini in Brüssel den Erasmuspreis, weil er einen großen Beitrag für ein neues Europa geleistet hatte.

Es ist nicht falsch zu behaupten, dass Guardini auf seine Art das Werk weiterführte, das Dietrich Bonhoeffer begonnen hatte. (Der Theologe und Vertreter der Bekennenden Kirche in Deutschland konnte durch seinen Widerstand gegen das Nazi-Regime seine Arbeit nicht mehr fortsetzen – in den letzten Tagen des Krieges wurde er im Konzentrationslager Flossenbürg umgebracht.)

Guardini beschrieb aus einem theologischen und philosophischen Blickwinkel heraus, was Macht ist und welche Auswirkungen sie auf den Menschen hat:

»»»»

„Die Weisen aller hoch stehenden Kulturen haben von der Gefahr der Macht gewusst und von ihrer Überwindung gesprochen. Ihr letztes Wort ist das der Maßhaltung und Gerechtigkeit. Die Macht verführt zur Selbstüberhebung und zur Missachtung des Rechts; so wird dem Gewaltmenschen jener entgegengestellt, der besonnen bleibt, Ehrfurcht vor Göttern und Menschen hat und das Recht wahrt." (Romano Guardini: „Das Ende der Neuzeit. Die Macht". Mainz: Matthias-Grünewald-Verlag, 4. Aufl. 2001, S. 119)

In diesem Kapitel möchte ich Sie mitnehmen auf die Suche nach einer eindeutigen Definition von Macht und ihre geschichtlichen und biblischen Ursprünge näher erläutern.

Was ist Macht? – Definition

Guardini hat Macht wie folgt definiert:

„Von Macht im eigentlichen Sinne dürfen wir also nur sprechen, wenn zwei Elemente gegeben sind: einmal reale Energien, die an der Wirklichkeit der Dinge Veränderungen hervorbringen, ihre Zustände und wechselseitigen Beziehungen bestimmen können. Dazu aber ein Bewusstsein, das ihrer inne ist; ein Wille, der Ziele setzt, ein Vermögen, welches die Kräfte auf dieses Ziel hin in Bewegung bringt.
Das alles setzt den Geist voraus, jene Wirklichkeit im Menschen, die fähig ist, aus dem unmittelbaren Zusammenhang der Natur herauszutreten und in Freiheit über sie zu verfügen." (A. a. O., S. 102)

Zusammengefasst kann man folgende Gleichung aufstellen:

Macht =
Energie und Kraft +
das Bewusstsein, das diese Kraft erkennt +
ein Wille und eine Initiative, die diese Kraft auf ein Ziel richten +
die Fähigkeit, die diese Kraft auch tatsächlich in die Richtung dieses Ziels lenkt

Nach dieser Definition ist Macht „die Fähigkeit, Beschlüsse fassen zu können". Diese Macht besitzt jeder Mensch. Es ist Teil unseres Menschseins, Macht zu haben und auszuüben. Schauen wir uns einmal ein zweijähriges Kind an: Obwohl es noch wenig Lebenserfahrung hat, besitzt es bereits die Macht, seinen Willen erkennbar zu machen und ihn durchzusetzen – also Beschlüsse zu fassen, um ein Ziel zu erreichen.

Auch Lieben ist eine Form der Ausübung von Macht. Ich beschließe, dass ich meine Liebe auf jemand anderen ausrichten will. Indem ich dies auch tue, übe ich Macht aus. Jeder Beschluss, den ich fasse und in die Tat umsetze, ist ein Ausdruck von Macht.

Der Unterschied zwischen Mensch und Tier ist, dass ein Tier durch seine Instinkte geleitet wird. Ein Tier kann Gewalt ausüben, aber keine Macht. Ein Löwe zum Beispiel übt Gewalt aus, indem er eine Antilope anfällt und tötet – der Antrieb für seine Tat ist aber allein sein Instinkt; die Verantwortung für seine Taten liegt also in seiner Natur. Im Gegensatz dazu besitzt der Mensch ein Bewusstsein. Macht ist immer mit einer Person verbunden, die ein Bewusstsein hat. Diese Person ist in der Lage, einen Willen zu entwickeln und die Initiative zu ergreifen. Sie ist deshalb auch immer persönlich für die Ausübung von Macht verantwortlich. Dazu wieder ein Zitat von Guardini:

„Es gibt also keine von vornherein sinn- und wertvolle Macht. Sie empfängt ihre Bestimmung erst dadurch, dass der Mensch ihrer inne wird, über sie entscheidet, sie in die Tat umsetzt – was alles heißt, dass er sie verantworten muss. Es gibt keine nicht-verantwortete Macht. Es gibt die unverantwortete Naturenergie – richtiger gesagt, die nicht im Bereich der Verantwortung, sondern in dem der Naturnotwendigkeit wirksame Energie." (A. a. O., S. 103)

Die Neutralität der Macht

Guardini fährt fort:

„[…] nicht gibt es die unverantwortete Menschenmacht. […] Die Macht ist aus sich selbst weder gut noch böse, sondern empfängt ihren Sinn erst aus der Entscheidung dessen, der sie braucht. Ja, sie ist aus sich nicht einmal bauend oder zerstörend, sondern nur Möglichkeit zu alledem, da sie ja wesentlich durch die Freiheit regiert wird." (A. a. O., S. 103–105)

Dieser zweite Teil der Definition ist besonders wichtig. Macht ist immer in Verantwortung eingebunden. Vor allem im 20. Jahrhundert wurden Macht und ihre Rolle in der Geschichte aber häufig mit einem notwendigen Entwicklungsprozess in Verbindung gebracht. Hitler verstand sich als jemand, der dazu berufen war, den Prozess der Geschichte fortzuführen. Darum fühlten er und viele seiner Anhänger sich nicht für ihre Machtausübung verantwortlich, sondern verstanden sich lediglich als Helfer, die die notwendige Evolution des Menschen vorantrieben. An den Beispielen aus der jüngsten Geschichte sieht man, wie wichtig ein klares Verständnis von Macht ist.

Ich habe mich deshalb für die Definition von Guardini entschieden, weil ich glaube, dass es Macht ohne Verantwortung nicht gibt.

Das universelle Wesen der Macht

Anhand der genannten Definition von Macht wird deutlich, dass alles, was wir tun – jede Entscheidung, die wir fällen – eine Form der Machtausübung ist. Es ist wichtig, dass wir begreifen, was Verantwortung und Machtausübung bedeuten. Ein freier Umgang mit Macht kann niemals zur Nicht-Verantwortung führen. Die Freiheit zu entscheiden bedeutet implizit, dass ich für die Folgen dieser Entscheidung verantwortlich bin.

„Zur Bestimmung der Macht gehört endlich noch ein letztes Moment: ihr universeller Charakter. Dass der Mensch Macht hat und in ihrer Ausübung eine besondere Befriedigung erfährt, bildet keinen Sonderbereich des Daseins, sondern ist mit jeder seiner Tätigkeiten und Zuständigkeiten verbunden – kann sich wenigstens mit ihnen verbinden; auch mit solchen, die zum Machtcharakter zunächst keine Beziehung zu haben scheinen. [...] Jeder Akt, jeder Zustand, ja schon die einfache Tatsache, zu leben, zu sein, ist direkt oder auf Umwegen mit dem Bewusstsein der Machtausübung und des Machtgenusses verbunden. In ihrer positiven Form erzeugen sie das Bewusstsein, im Selbst zu stehen und Kraft zu haben; in ihrer negativen Form werden sie zum Hochmut, zum Stolz, zur Eitelkeit.“ (A. a. O., S. 108–109)

Durch diese Beschreibung Guardinis wird noch einmal deutlich: Alles, was ich in meinem Leben tue, ist eine Form der Machtausübung: gestalten, besitzen, erkennen, lieben ... Macht ist, wenn ich wählen kann, meiner Energie eine bestimmte Richtung zu geben. Wenn ich Macht ausübe, gibt mir das auch ein Gefühl der Befriedigung, dass ich Mensch sein darf. Macht ist universell. Wenn man genau hinsieht, ist selbst das Erkennen von Dingen, das Lesen von Informationen oder das Begreifen von Wahrheit eine Art, Macht auszuüben.

Guardini: „Es liegt auf der Hand, dass jeder Akt des Handelns und des Schaffens, des Besitzens und Genießens unmittelbar das Bewusstsein erzeugt, Macht zu haben. [...] Das Gleiche geschieht durch alle Akte der Vitalität. Jede Tätigkeit, in welcher die unmittelbare Lebendigkeit sich auswirkt, ist Machtausübung und wird als solche erfahren. [...] Entsprechendes ist aber auch von der Erkenntnis zu sagen. An sich bedeutet sie das schauende und verstehende Durchdringen dessen, was ist; eben darin erfährt aber der Erkennende die Kraft, die das leistet. Er fühlt, wie er ‚der Wahrheit inne wird'; das setzt sich aber auch in das Gefühl um, ‚der Wahrheit mächtig' zu sein." (A. a. O., S. 108)

Auch der Erwerb von Wissen ist also eine Form von Macht. Im 1. Brief an Timotheus (1. Timotheus 6,3) warnt Paulus diesen vor Menschen, die viel Wissen besitzen und dadurch prahlerisch sind. Erkenntnis ohne Demut führt dazu, dass man sein Wissen und die damit verbundene Macht sehr hoch schätzt, schließlich hochmütig wird und am Ende „eine Bauchlandung" erlebt. Bereits Nietzsche sprach vom „Stolz des Philosophen, der ihn zerstört".

Halten wir fest: Es liegt auf der Hand, dass jede Tat unmittelbar das Bewusstsein weckt, Macht zu besitzen. Das gehört zu unserem Menschsein dazu. Als Menschen haben wir die Freiheit und die damit verbundene Macht, Dinge zu formen. Wie wir mit dieser Freiheit umgehen und diese Macht gebrauchen, bestimmt, welche Richtung unser Leben nimmt.

Auftrag zum Umgang mit Macht

Grundauftrag

Der Grundauftrag eines jeden Menschen ist es, in einer gesunden Art und Weise Macht zu gebrauchen. In 1. Mose 1, Verse 26 bis 28 können wir die Erschaffung des Menschen nachlesen. Dort heißt es:

„Dann sprach Gott: Nun wollen wir Menschen machen, ein Abbild von uns, das uns ähnlich ist. Sie sollen Macht haben über die Fische im Meer, über die Vögel in der Luft, über das Vieh und alle Tiere auf der Erde und über alles, was auf dem Boden kriecht. So schuf Gott die Menschen nach seinem Bild; als Gottes Ebenbild schuf er sie und schuf sie als Mann und Frau. Und Gott segnete die Menschen und sagte zu ihnen: ‚Seid fruchtbar und vermehrt euch! Füllt die ganze Erde und nehmt sie in Besitz! Ich setze euch über die Fische im Meer, die Vögel in der Luft und alle Tiere, die auf der Erde leben, und vertraue sie eurer Fürsorge an.'"

In diesen Versen wird die Grundlage für das biblisch-christliche und auch das europäische Menschenbild beschrieben: Der Mensch ist als Gottes Ebenbild geschaffen. Gott ist ein Freund, ein Schöpfer, ein Diener, ein Herrscher, jemand, der kommuniziert. All diese Wesenszüge sind auch Teil unseres Menschseins, denn wir sind Gottes Ebenbild. Gott hat uns berufen, Macht über unser eigenes Leben auszuüben. Darüber hinaus gibt er uns auch die Macht, uns zu vermehren, als Mann und Frau eins zu werden und Kinder zu bekommen und so das Leben weiterzugeben. Er verleiht uns auch die Autorität, über die Natur zu herrschen – das heißt, ihr Wesen zu erkennen, den Tieren und Pflanzen einen Namen zu geben und die Natur zu formen.

In der Bibelstelle aus dem 1. Buch Mose wird von den unglaublichen Möglichkeiten berichtet, die der Mensch erhalten hat – von der Macht, über die er verfügen kann. Auch der Wert, den der Mensch besitzt, um in Freiheit der sein zu können, der er ist, spielt in diesen Versen eine Rolle.

Ein neuer Auftrag

Durch die ganze Menschheitsgeschichte hindurch und überall in der Bibel wird immer wieder deutlich, dass der Mensch die ihm anvertraute Macht missbraucht hat. Und er wurde durch den falschen Umgang mit der Macht selbst zum Opfer. Ganz am Ende der Bibel, in Offenbarung 5, Vers 10, gewährt uns Gott einen Blick in die Zukunft und verspricht, dass es dann, wenn am Ende der Zeit alle Wirren und alles Leid vorüber sein werden, einen neuen Himmel und eine neue Erde geben und der Mensch erneut den Auftrag erhalten wird zu herrschen. Dieser Auftrag, den Gott uns gibt, ist mit der Freiheit und der Verantwortung verknüpft, demütig zu sein. In dem Lied, das in Offenbarung 5, Verse 9 und 10 vor dem Thron Gottes angestimmt wird, heißt es: „Zu Königen hast du sie (d. h. die Menschen, die dann auf dieser neuen Erde und im neuen Himmel leben) gemacht und zu Priestern für unseren Gott und sie werden über die Erde herrschen." Wie am Anfang bleibt es unser Auftrag, Macht auszuüben, diese Welt zu formen und unserem Tun eine Richtung zu geben. Unser erster Auftrag ist gleichzeitig auch unser neuer Auftrag.

Sicherheit geben

Was Gott unter einem gesunden Umgang mit Macht versteht, wird in Jesaja 32, Verse 1 und 2 beschrieben:

„Bald wird ein König kommen, der gerecht regiert, und seine Minister (mehrere, also wir) werden dem Recht Geltung verschaffen. Jeder von ihnen wird dem Volk wohl tun wie ein windgeschützter Ort bei Stürmen, wie ein Schutzdach beim prasselndem Regen, wie ein Wasserlauf in einer ausgedörrten Gegend, wie der Schatten eines großen Felsens in der Wüste."

Ein gesunder Umgang mit Macht bedeutet, als Leiter keine Pluspunkte für sich selbst sammeln zu wollen, sondern ein Zufluchtsort und ein schützendes Dach für andere zu sein. Leiter sind Menschen, die es ermöglichen, dass in Dürregebieten neues Leben entsteht. Sie sind wie ein Fels, der anderen Sicherheit gibt.

Ein Freund von mir, der Geschäftsführer in einem großen Unternehmen ist, wollte sich beruflich verändern. Er erzählte mir, dass er erst die Gewissheit brauche, in der neuen Anstellung dieselbe Sicherheit zu haben wie in seiner alten. Ich schaute ihn an und fragte: „Bist du ein Leiter oder bist du jemand, der einem anderen folgt? Ein Leiter sollte nicht nach Sicherheiten fragen, sondern sie geben." Geistesabwesend schaute er mich an und erwiderte: „Wenn ich ehrlich bin, dann suche ich häufiger Sicherheit, als dass ich sie anderen gewähre."

Der Text aus dem Buch Jesaja veranschaulicht, was ein guter Leiter ist: Er ist jemand, der anderen Sicherheit bietet, jemand, der die Verantwortung übernimmt, um andere zu begleiten und zu unterstützen.

Anderen helfen, Macht zu gewinnen

In Jesaja 32, Vers 3 heißt es weiter:

„Dann werden alle Augen wieder klar sehen und alle Ohren wieder aufmerksam hören. Die Herzen der Unbesonnenen kommen zur Einsicht und die Zungen der Stotternden können flink und deutlich reden."

In vielen Abschnitten der Bibel findet man die Aussage, dass die Augen der Blinden sehend, die Ohren der Tauben wieder hören und die Krüppel laufen werden. Das Schöne an dem eben zitierten Vers ist, dass aus ihm hervorgeht: Gute Leiter helfen anderen Menschen, ihre Qualitäten zu entdecken. Leiter sind Menschen, die Spaß daran haben, Menschen zu leiten, und die ihre Macht dazu gebrauchen, anderen zu helfen, selbst Verantwortung zu übernehmen. Mit anderen Worten: Leiter sind Menschen, die andere darin unterstützen, ganz sie selbst zu sein, ihre Berufung zu entdecken und ihr zu folgen. Leiter übernehmen diese Aufgabe mit Verantwortung.

Gottes Bild

Guardini ist davon überzeugt:

„In dieser Machtbegabung, in der Fähigkeit, sie zu gebrauchen, und in der daraus erwachsenden Herrschaft besteht die natürliche Gottesebenbildlichkeit des Menschen. Darin sind Wesensbestimmung und Wertfülle des menschlichen Daseins ausgesprochen – die Antwort der Schrift auf die Frage, woher jener ontologische Charakter der Macht stamme, von welchem eben die Rede war. Der Mensch kann nicht Mensch sein und außerdem Macht üben oder es auch nicht tun; sondern sie zu tun, ist ihm wesentlich. Daraufhin hat der Urheber seines Daseins ihn bestimmt." (A. a. O., S. 112)

Nach Guardini ist der Mensch wertvoll, weil er nach Gottes Bild geschaffen ist und nicht nur Macht und Autorität, sondern auch Verantwortung erhalten hat sowie die Freiheit, ganz Mensch zu sein.

„Die Herrschaft ist weiter Gehorsam und Dienst in dem Sinne, dass sie sich in der Schöpfung Gottes bewegt und die Aufgabe hat, das, was er aus seiner absoluten Freiheit als Natur geschaffen, im Raum der endlichen Freiheit als Geschichte und Kultur fortzuführen. Durch seine Herrschaft soll also der Mensch nicht autonom seine Eigenwelt aufrichten, sondern die Welt Gottes nach dessen Willen als menschliche Freiheitswelt vollenden." (A. a. O., S. 113)

Da wir aber nach Gottes Bild geschaffen sind, haben wir die Verantwortung, mit der Schöpfung in einer Art und Weise umzugehen, die mit Gottes Willen übereinstimmt – das heißt, Mensch und Natur wertzuschätzen, sodass sie sich entfalten können.

„Dies alles heißt: Der Mensch soll zur Herrschaft im weitesten Sinn gelangen, aber eben dadurch, dass er im Gehorsamsverhältnis zu Gott bleibt und sie als Dienst vollzieht. Er soll Herr werden, aber so, dass er im Ebenbild bleibt und nicht nach der Urbildlichkeit verlangt." (A. a. O., S. 115)

Damit meint Guardini, dass der Mensch dazu geschaffen ist, einzigartig und selbstständig zu sein; gleichzeitig soll er dies zusammen mit Gott zum Ausdruck bringen. Grundauftrag eines jeden Menschen ist es deshalb, auf eine gesunde Art und Weise die Macht zu gebrauchen, die ihm gegeben ist.

Bevor ich zum nächsten Punkt übergehe, will ich noch einmal Guardini zitieren, und zwar einen Abschnitt aus seinem Buch „Wahrheit des Denkens und Wahrheit des Tuns", in dem er den Bezug zwischen Herrschen und Dienen deutlich macht:

„Nach dem Ebenbild Gottes sind Herrschen und Dienen Ambivalente, die nur zusammen ein Ganzes formen. Herrschen ohne dienen führt zu Selbstsucht und Gewalt. [...] Dienen ohne herrschen führt zu Schwachheit und Unwürdigkeit. Erst in ihrer Einheit [...] finden sowohl das Herrschen wie das Dienen seinen ganzen Sinn."

Woher nehmen Sie Ihr Mandat?

Als Leiter haben Sie dann ein Mandat, wenn andere Ihnen freiwillig Autorität (Macht) übertragen haben und auch Sie selbst sich Autorität zugestehen. Hier eine zusammenfassende Definition von „gesunder" Autorität:

1. geübter Umgang mit Macht (Fachkompetenz),
2. dienender Umgang mit Macht (Charakterstärke),
3. übertragener Umgang mit Macht (Mandat).

Fünf Quellen für Ihr Mandat

Denken Sie einmal einen Augenblick darüber nach, wie und woher Sie bisher Autorität bekommen haben.

Quelle 1: Gott oder auch „das Leben"

Wofür hat Gott Sie berufen, welchen Auftrag hat er Ihnen gegeben? Jeder Mensch hat das tiefe Bedürfnis zu wissen, wozu er berufen und was das Ziel seines Lebens ist.

Dr. Viktor Frankl, ein bekannter Psychiater, der als Jude von den Nazis in ein Konzentrationslager gesteckt wurde, entwickelte dort die Ideen für sein Buch „Der Wille zum Sinn". Er macht darin deutlich, dass es für jeden Menschen ein Grundbedürfnis ist zu erfahren: „Was ist der Sinn meines Lebens, wofür lebe ich im Alltag?" Frankl war davon überzeugt, dass die Antwort auf diese Frage eine Voraussetzung ist, um überleben zu können. Er erkannte, dass die Menschen, die in ihrem alltäglichen Leben kein Ziel mehr sahen, in den Konzentrationslagern nicht mehr überlebensfähig waren. Diejenigen, die selbst im Leiden einen Sinn entdecken konnten und das Leben als einen Auftrag verstanden, schöpften daraus die Kraft, um weiterleben zu können.

Welchen Auftrag, welches Mandat hat Gott Ihnen gegeben? Sie können aus verschiedenen Quellen schöpfen: Bibeltexte, bestimmte Ereignisse oder Erfahrungen. Es können auch Menschen sein, die Sie besonders angesprochen haben. Auch wenn nicht jeder die Ansicht teilt, dass Gott ihm einen Auftrag gegeben hat, steht doch im Grunde jeder Mensch vor der Frage: „Was ist der Auftrag, was ist das Ziel meines Lebens?"

Quelle 2: Sie selbst

Die zweite Quelle, aus der Sie ein Mandat ableiten können, sind Sie selbst. Haben Sie sich selbst schon die Macht gegeben, so zu sein, wie Sie sind, und zu tun, was Sie tun? Es ist wichtig, dass man als Leiter hinter dem Auftrag, den man hat, sowie hinter dem Weg steht, den man geht. Wie können Sie von Menschen erwarten, dass sie Ihnen vertrauen, wenn Sie sich selbst nicht einmal vertrauen? Respektieren Sie sich selbst? Welche Stärken haben Sie, die Sie einsetzen können, um Ihre Aufgaben zu erfüllen? Wenn kleine Kinder keinen Respekt vor sich selbst entwickeln, wird es ihnen nur schwer gelingen, an sich selbst zu glauben, und auch später werden sie nur mit Mühe anerkennen, dass sie Autorität haben.

Quelle 3: Leiter

Wo haben Ihnen Leiter Autorität übertragen? Sie tragen selbst eine Verantwortung gegenüber anderen, aber auch andere sind Ihnen gegenüber verantwortlich: nämlich die, die Ihnen einen Auftrag gegeben haben. Wie sah und wie sieht dieser Auftrag aus? In welchen Bereichen Ihres Lebens erkennen Sie, dass andere Ihnen einen Auftrag gegeben haben?

Quelle 4: Mitarbeiter oder Kollegen

Menschen folgen dann jemandem, wenn sie ihm vertrauen. Wie können Sie jemandem vertrauen, wenn Sie ihn nicht kennen? Unterordnung funktioniert also nur dann, wenn Sie einen Menschen kennen und ihm vertrauen können. Haben Menschen Vertrauen in Ihre Fachkompetenz? Welche Eigenschaften und Fähigkeiten schätzen Ihre Mitarbeiter und Kollegen an Ihnen besonders? Wo haben Sie (z. B. an Ihrer Arbeitsstelle, in der Freizeit, der Gemeinde, in der Familie usw.) gemerkt, dass andere Ihnen in die Richtung folgen, die Sie gehen? Ob jemand Führungsqualitäten besitzt, zeigt sich letztendlich daran, ob andere ihm gern folgen.

Ein schönes Beispiel dafür finden wir in Johannes 10, Verse 1 bis 6. Im Gleichnis vom guten Hirten macht Jesus deutlich, wie ein guter Leiter aussieht: Er geht vor den Schafen her, sodass sie ihm folgen, weil sie seine Stimme kennen. Jesus bestätigt dies, indem er sagt: „Einem anderen Menschen werden sie aber niemals folgen. Im Gegenteil: Sie werden vor ihm davonlaufen, weil sie seine Stimme nicht kennen" (Johannes 10,5). Jesus macht deutlich, dass Leiterschaft dort anerkannt wird, wo Menschen im Vertrauen folgen.

Quelle 5: Kunden

Ein Kunde „bringt" Ihnen etwas. Er kauft bei Ihnen. Er gibt Ihnen und Ihrer Firma den Vorzug vor anderen Unternehmen. Häufig hat das viel mehr mit dem Vertrauen zu tun, das jemand in Sie gesetzt hat, als mit der vielleicht besseren Qualität Ihres Produktes. Auch hier sprechen wir von einem Mandat. Welches Mandat haben Ihre Kunden Ihnen gegeben? Setzen sie Vertrauen in Ihre Person und in Ihre Produkte?

Ähnliches gilt natürlich auch für Ihre Familie und Freunde.

Workshop 2.1: Mandat

Im Workshop, den Sie auf den beiden folgenden Seiten finden, geht es um die fünf Quellen, von denen Sie ein Mandat erhalten können. Ich möchte Sie herausfordern, bei jeder der genannten Personen zu beschreiben, warum sie Ihnen freiwillig Autorität übertragen hat. Füllen Sie so viele Spalten wie möglich aus.

Nehmen Sie sich danach Zeit, darüber nachzudenken, wie sicher Sie sich des jeweiligen Mandates sind. Ein Beispiel: „Ich denke, dass ich mir zu 70 Prozent sicher bin, dass Gott mir einen Auftrag und ein Mandat gegeben hat. Dass ich mir selbst ein Mandat gegeben habe, dessen bin ich mir zu 60 Prozent sicher. Dass mein Leiter mir einen Auftrag gegeben hat, weiß ich zu 90 Prozent. Und ich bin mir zu 80 Prozent sicher, dass meine Mitarbeiter mir gern folgen und dass sie mir vertrauen. Und dass mir meine Kunden meinen Umsatz ‚gönnen', das erfahre ich jeden Tag – also gebe ich mir in diesem Bereich 80 Prozent." Bitten Sie anschließend ein oder zwei Personen aus Ihrem direkten Umfeld, die Sie sehr gut kennen, sich Ihre Notizen anzusehen und Ihnen dazu Rückmeldung zu geben.

Workshop 2.1: Mandat (Beispiel)

Wo und wie haben Ihnen folgende Personen Ihrer Meinung nach ein Mandat (Autorität) übertragen?

Gott/das Leben Berufung Sinn des Lebens	*Beispiel* Ich denke, es ist mein Lebensauftrag, jungen Leitern zu helfen, ihre eigene Berufung zu entdecken.	
Sie selbst Selbstachtung Entdecken von eigenen Stärken	*Beispiel* Meine Kernkompetenzen sind: Konzepte entwickeln, kommunizieren, leiten, Brücken bauen, Strategien entwickeln.	
Leiter Auftrag Autorität	*Beispiel* Der Unternehmensleiter hat mir den Auftrag gegeben, unser Team so zusammenzustellen, dass jeder seinen Platz findet und wir Gewinn machen. Er vertraut mir bei diesem Auftrag vollkommen.	
Mitarbeiter/Kollegen Vertrauen in Ihre Fachkompetenzen	*Beispiel* Meine Mitarbeiter schätzen es, dass: » ich ihnen Freiraum lasse. » ich sie durch meine Leitung inspiriere. » ich in meinem Fachgebiet gut bin.	
Kunden/Klienten Gunst Vertrauen in Ihre Qualität/ die Qualität Ihrer Produkte	*Beispiel* Meine Kunden teilen mir mit, dass sie den Eindruck haben, ich würde das leben, was ich sage. Ich höre häufig, dass sie durch meinen Dienst motiviert werden, ihre eigene Arbeit mit mehr Freude und neuem Elan anzupacken.	

Gott/das Leben Berufung Sinn des Lebens		
Sie selbst Selbstachtung Entdecken von eigenen Stärken		
Leiter Auftrag Autorität		
Mitarbeiter/Kollegen Vertrauen in Ihre Fachkompetenzen		
Kunden/Klienten Gunst Vertrauen in Ihre Qualität/ die Qualität Ihrer Produkte		

3. Umgang mit Macht

Aus Guardinis Definition von Macht geht hervor, dass Macht ein existenzieller Teil unseres Menschseins ist. Es ist wunderbar zu sehen, dass wir Menschen mit der Fähigkeit ausgestattet sind, Macht auszuüben und auch zu genießen. Diese Tatsache eröffnet uns eine großartige Perspektive.

Macht und Genuss

Welche Arten von Genuss erfahren wir bei der Ausübung von Macht?

Der Genuss, Neues zu erschaffen

Wenn ein Mensch neue Dinge entdeckt, baut und formt, dann genießt er dies in der Regel auch und erlebt, dass er dadurch Macht ausübt. Wenn ich zum Beispiel als Architekt ein Haus entwerfe, entsteht in meinen Gedanken und durch meine Hände etwas Neues. Im Entstehungsprozess bekommt es mehr und mehr eine Form. Dann – wenn der Entwurf ausgearbeitet ist – kann der Bau vorbereitet werden. Am Ende wird das Haus gebaut. Ich richte es ein. Und bei all diesen Aktivitäten genieße ich die Erfahrung, etwas Neues zu erschaffen.

Wenn meine Frau im Garten arbeitet, genießt sie es, ihn zu gestalten: neue Pflanzen einzutopfen, sie zu beschneiden und schließlich zu sehen, wie alles wächst.

Der Genuss, die eigenen Talente auszubauen

Jeder Mensch besitzt sieben bis zehn natürliche Talente, die er zur Entfaltung bringen kann. Durch die Weiterentwicklung seiner Begabungen macht er die Erfahrung, dass er in den Dingen, die er sehr gut kann, stetig besser wird. Er entwickelt sich vom Lehrling zum Gesellen und wird schließlich zum Meister – zu einem Künstler. Das bringt ihm im täglichen Leben eine große Befriedigung. Wenn sich meine Talente kontinuierlich entfalten, werde ich motiviert. Ich genieße Macht, eine Macht, die Hand in Hand mit dem Einsatz meiner Talente geht. Jeder Mensch wurde mit ganz bestimmten Fähigkeiten und mit einer ganz eigenen Wesensart erschaffen. Dies kann und soll er genießen. Noch schöner ist es, wenn er seine Talente einsetzt, um zusammen mit anderen diese Welt zu gestalten.

Der Genuss, sein Leben selbst zu gestalten

Die Möglichkeit, eigene Beschlüsse fassen zu können, dem eigenen Leben Form zu geben (mein Zimmer einzurichten, mein Geld zu verwalten, selbstständig zu sein und in der Selbstständigkeit zu wachsen ...), schenkt eine Befriedigung, nach der wir uns tief in unserem Inneren sehnen. Motivieren Sie einmal ein Kind – dann werden Sie es schnell merken. Geben Sie einem

Kind einen Auftrag, den es auf seine eigene Art und Weise ausführen kann, und Sie werden sehen, dass es diese Selbstständigkeit und die Tatsache, diesen Auftrag ausführen zu dürfen, genießen wird.

Der Genuss, zu lieben und Beziehungen aufzubauen

Es ist natürlich klar, dass zu lieben und Beziehungen aufzubauen nicht nur kurzfristig, sondern auch auf lange Sicht einen großen Genuss mit sich bringen. Der Unterschied zwischen kurzzeitigem und tief gehendem Genuss ist mit dem Glücksgefühl bei einem kurzen Sprint bzw. beim Langstreckenlauf vergleichbar. Ein kurzer Sprint bringt schnelle Befriedigung – aber diese Art von Genuss ist ein Gefühl, das sehr schnell wieder schwindet. Bei einem Langstreckenlauf wird der Genuss Schritt für Schritt entfaltet und hält dadurch auch langfristig an. In einem Sprichwort heißt es: „Willst du drei Stunden glücklich sein, dann trinke eine Flasche Wein. Willst du drei Tage glücklich sein, dann verliebe dich. Wenn du aber ein Leben lang glücklich sein willst, dann finde einen Freund und baue mit ihm (oder ihr) einen Weinberg."

Wie geht man nun mit dem Genuss um, den man empfindet, und der Macht, die man besitzt?

Der positive Umgang mit Macht

Wie geht man positiv mit (Macht-)Genuss um? Erstens: Seien Sie dafür dankbar. Zweitens: Verbinden Sie Macht mit Liebe. Drittens: Halten Sie sich an den Ratschlag: „Herrsche und diene."

Dankbarkeit

Dankbarkeit bedeutet, im positiven Sinne abhängig zu sein – mein ganzes Sein auf Gott auszurichten, der mir alles gegeben hat. In unserem *xpand*-Team ist uns folgender Satz sehr wichtig geworden: „Dankbarkeit ist eine der intelligentesten Formen der Kommunikation." Warum? Weil ich durch die Dankbarkeit anerkenne, dass ich tagtäglich sehr viel empfange. Dankbarkeit führt auch zu einer positiven Beziehung zu dem Menschen, dem ich dankbar bin. Jemand hat einmal gesagt: „Wer abhängig ist vom Unabhängigen (Gott), wird unabhängig vom Abhängigen." Wie können Sie positiv mit dem Genuss in Ihrem Leben umgehen? Seien Sie für alles dankbar, was Sie haben, und bringen Sie dies auch durch das zum Ausdruck, was Sie sagen.

Macht mit Liebe verbinden

Die Fähigkeit, Macht mit Liebe zu verbinden, ist die Voraussetzung für einen gesunden Umgang mit Macht. Als einmal ein Mensch zu Jesus kam und ihn fragte, was die Bedingung für wahres, andauerndes Glück sei, antwortete er: „Alle Gebote, die du in der Bibel findest, sind in folgenden zwei Aufträgen zusammengefasst. Erstens: Liebe Gott von ganzem Herzen, mit ganzem Willen und mit all deiner Kraft und deinem ganzen Verstand. Zweitens: Liebe deinen Mitmenschen wie dich selbst" (nach Lukas 10,27).

Warum gibt Jesus uns diesen Auftrag und was hat er mit Macht zu tun? Liebe nimmt sich die Freiheit, dem anderen zu dienen, und gebraucht ihre Macht, damit der andere sich entfalten kann. Der Grundauftrag, den Gott den Menschen gegeben hat, besteht darin, anderen zu dienen. Diesen Lebensauftrag, der jedem Menschen gilt, hat Jesus im „Doppelgebot der Liebe" zusammengefasst. Liebe bedeutet nichts anderes, als sich für den anderen einzusetzen: Sie gebrauchen alle Macht, die Sie haben – mit ganzem Herzen, mit all Ihrer Energie und mit all Ihrem Verstand –, um den anderen dabei zu unterstützen, ein Leben in Fülle zu führen. Das ist ein sehr schöner Auftrag und gleichzeitig die einzige Möglichkeit, wie Sie auf gesunde Weise mit der Macht, mit Ihrem Leben sowie dem Leben anderer umgehen können.

Herrschen und dienen

Wie sollte man als Leiter mit Macht und dem sich daraus entwickelnden Genuss umgehen? Jesus stellt uns in diesem Bereich vor eine große Herausforderung: „Wer unter euch groß sein will, soll euer Diener sein, und wer an erster Stelle stehen will, soll euch Sklavendienste leisten. Auch der Menschensohn ist nicht gekommen, um sich bedienen zu lassen, sondern um zu dienen und sein Leben als Lösegeld für alle Menschen hinzugeben" (Matthäus 20,26–28). Jesus betont hier, dass es ein legitimer Wunsch ist, Macht ausüben zu wollen. Dieser Wunsch stellt für Jesus zunächst einmal kein Problem dar. Die entscheidende Frage ist nur, wie man mit der übertragenen Macht umgeht. Jesus zeigt uns den richtigen Weg: Werde ein Diener, ein Knecht. Das bedeutet: Verhilf einem anderen zum Erfolg. Zur Zeit Jesu war ein Knecht jemand, der seinem Herrn beim Bau seines Hauses und seines Unternehmens half – einer, der seinen Herrn auch dabei unterstützte, die Zukunft zu planen und vorzubereiten. Noch einmal: Ein guter Leiter dient anderen und unterstützt sie in einer Weise, dass sie in ihrer Berufung erfolgreich sind.

Als Prinz Willem-Alexander und Maxima heirateten, war ich völlig begeistert, als ich hörte, für welchen Trauvers sie sich entschieden hatten: Es war der oben erwähnte Vers aus dem 20. Kapitel des Matthäusevangeliums! Willem-Alexander und seine Frau sahen ihre Ehe und ihre Aufgabe als künftiges Königspaar der Niederlande darin, ihrem Volk mit ihrem ganzen Leben zu dienen. Sie wollten dem Volk mit ihrer Macht und dem Einfluss dienen, den sie selbst erhalten hatten. Das nenne ich einen gesunden Umgang mit Macht.

Auch in Johannes 10, Verse 1 bis 21 wird der gute Umgang mit Macht beschrieben: Jesus betont in seiner Rede an die Pharisäer dreimal: „Ein guter Hirte ist bereit, für seine Schafe zu sterben." Damit bringt Jesus zum Ausdruck: Ein guter Leiter setzt seine Lebenskraft und Macht ein, um anderen zu dienen und sie dabei zu unterstützen, in Verantwortung wachsen zu können.

Lassen Sie mich noch einmal die drei Grundvoraussetzungen für einen gesunden Umgang mit Macht und Machtgenuss zusammenfassen:

1. Lebe in Dankbarkeit.
2. Verbinde Macht immer mit Liebe.
3. Herrsche und diene, um anderen zum Erfolg zu verhelfen.

Vor einiger Zeit erhielt ich die Nachricht, dass ein alter Freund von mir gestorben war. Auf der Trauerkarte stand folgender Text: „Ein großer Mensch ist der, bei dem andere sich groß fühlen können."

Der negative Umgang mit Macht

Der Gebrauch von Macht kann zu einem positiven Umgang mit Autorität führen, aber auch zu Machtmissbrauch und Selbstversklavung.

Guardini, der 1962 in Brüssel den Erasmuspreis erhielt, hielt dort eine Rede zum Thema „Warum ich ein Europäer bin". In seinem Vortrag legte er ausführlich dar, dass wir Europäer den Auftrag haben, über den Machtbegriff, den Gebrauch und Missbrauch von Macht nachzudenken, aber auch in Bezug auf gesunde Leiterschaft Vorbild zu sein. Guardini sagte:

„Was ist auf lange Sicht die Beziehung zwischen der Zunahme an Macht und der Menschlichkeit des Menschen? Wir tun gut daran, uns an die Grundregel der Kulturphilosophie zu erinnern: dass es keine Aktion gibt, die nur in eine Richtung wirkt, sondern dass jede Aktion doppelseitig ist. Macht ist die Möglichkeit, tätig zu werden, aber jede Aktion, die ich unternehme, ruft eine Gegenaktion hervor, die auf mich gerichtet ist. Allein schon die Tatsache, dass ich Macht habe, das Vermögen, Macht auszuüben, hat Einfluss auf mich: den Kitzel, sie in die Tat umzusetzen. Und dieser Kitzel kann zum Stachel werden, zum Zwang, ja zur Dämonie: Es ist die Verantwortung, die die Macht mir auferlegt, für die Tatsache, ob und wie ich sie gebrauche, usw.
Kann die Macht mit willkürlicher Schnelligkeit zu einer willkürlichen Höhe getrieben werden und der Mensch im vollen Sinne Mensch bleiben? […] das Mächtigsein selbst, der Gebrauch von Macht, muss ebenso emotional verarbeitet und persönlich verantwortet werden. Kann der Mensch willkürlich viel Macht erlangen und verantworten? ‚Sein' ist ein Verb; existieren ist ein Akt; als Mensch bestehen eine Leistung. Diese Leistung schließt den Moment des Machthabens, des Machtausübens und des Machtverantwortens ein.
Kann der Existenz-Akt des Menschen willkürlich viel Macht tragen?
Oder besteht für ihn die Möglichkeit und damit die Gefahr einer existenziellen Überspannung?"

Zu Beginn dieses Buches habe ich Ihnen die Frage gestellt, wie sich ein Leiter zugleich in seiner Fachkompetenz (der Fähigkeit, Macht auszuüben) als auch in seinem Charakter (der Haltung im Umgang mit Macht) weiterentwickeln kann. Menschen, die immer mächtiger werden, laufen oft Gefahr, durch den Rausch der Macht zu Sklaven zu werden. Und dieser Rausch verlangt nach einer immer höheren „Dosis".

Machtmissbrauch kann sich sehr unterschiedlich äußern, zum Beispiel durch physische und verbale Gewalt, Hochmut, Manipulation, durch das Annehmen einer Opferrolle oder eines Minderwertigkeitskomplexes.

Informelle Machtstrukturen

Machtmissbrauch entsteht fast immer da, wo Macht nicht klar definiert wird. In Gemeinden sieht es oft zwar rein äußerlich so aus, als gäbe es Leiter, die die Verantwortung für die ganze Gruppe tragen, aber in Wirklichkeit machen einige Familienclans den Dienst unter sich aus.

Ich kenne eine Gemeinde, die von sieben Männern geleitet wird. Keiner von ihnen ist der Boss, sondern sie verstehen sich als Leitungsteam und treffen einstimmige Beschlüsse. Dadurch dauert es häufig lange, bis ein Beschluss gefasst ist. Die Gemeinde hat in der Zwischenzeit meist schon eine Lösung gefunden.

Wenn man nun einen Vorschlag hat, zu dem man gern die Meinung der Leiter hören möchte, fragt man gewöhnlich eine der Ehefrauen dieser sieben Leiter um Rat. Wenn man diese für seine Idee gewinnen kann, wird sie innerhalb kürzester Zeit alle sechs anderen Schwestern im Herrn informiert und überzeugt haben. Jede von ihnen wird nun wiederum ihren Mann von diesem Vorschlag unterrichten. Im besten Fall kann es also passieren, dass Ihre Anfrage plötzlich einstimmig und positiv beantwortet wird.

Neben den offiziellen Machtstrukturen scheint es offenbar auch inoffizielle Strukturen zu geben, mit deren Hilfe die Macht manipuliert wird. Wer trägt in diesem Fall die Verantwortung für die Manipulation? Die Frauen der sieben Gemeindeleiter oder die Person, die diese Frauen ansprach – oder vielleicht die Männer selbst, weil sie nicht deutlich gemacht haben, wer die Leitungsfunktion innehat?

Auch in Unternehmen gibt es fast immer informelle Machtstrukturen. Zum Beispiel gibt es den Abteilungsleiter, der sich zwar sehr mit seiner Abteilung identifiziert, aber nicht mit den übergeordneten Zielen des Unternehmens. Man wird fast immer feststellen können, dass sich in solchen Fällen auch die Mitarbeiter dieses Abteilungsleiters nicht mit den Zielen des ganzen Betriebes identifizieren werden, sondern lediglich mit den Zielen der eigenen Abteilung. Solche Verhaltensmuster laufen quasi automatisch ab, ohne dass man sich über die eigenen Einstellungen austauscht. Dies ist darauf zurückzuführen, dass der Machtausübende seine Ziele nicht offen und deutlich genug kommuniziert hat.

Auch in einer Familie übt jedes Mitglied auf seine Art und Weise Macht aus – und es gibt ständig eine latente Neigung zur Manipulation. Das eine Mitglied manipuliert durch aggressives Verhalten und zwingt andere „ja" zu sagen, um weiteren Stress zu vermeiden. Ein anderer manipuliert durch Schönrederei und Schmeichelei. Der Dritte zieht sich zurück und spielt das „Opfer", und der Nächste bringt seine Kritik nicht offen zur Sprache, sondern legt lediglich eine kritische Haltung an den Tag. Jemand, der so (re)agiert, kann durch einen einzigen Blick oder ein nicht gesagtes Wort die ganze Atmosphäre beeinflussen.

Der Umgang mit Macht ist eine der schwierigsten Lektionen, die wir in unserem Leben lernen müssen. Lassen Sie mich im Folgenden erläutern, wie Sie befreit mit Macht umgehen können:

4. Freiheit im Umgang mit Macht

Folgende fünf Schritte können Ihnen dabei helfen, zu einem befreiteren Umgang mit Macht zu finden:

1. Entdecken Sie Ihre eigene Geschichte im Umgang mit Macht.
2. Lernen Sie aus Ihren eigenen Erfahrungen.
3. Kommen Sie mit anderen ins Gespräch.
4. Machen Sie sich die Folgen des Machtmissbrauchs bewusst.
5. Überwinden Sie schlechte Gewohnheiten.

Schritt 1: Entdecken Sie Ihre eigene Geschichte im Umgang mit Macht

In dem Augenblick, in dem Sie geboren wurden – ja, sogar bevor Sie auf die Welt kamen –, begann Ihre einzigartige Geschichte mit der Macht. Schon als Kind haben Sie Macht ausgeübt und auch erfahren, dass andere Macht über Sie hatten. Beide Erfahrungen können sowohl positiv als auch negativ gewesen sein. Durch Ihre persönliche Geschichte haben Sie ein ganzes Paket an Erfahrungen mitgebracht. Die positiven Erfahrungen können Sie heute motivieren, sich weiterzuentwickeln; die negativen Erfahrungen sind Ihnen vielleicht ein Klotz am Bein.

Begeben Sie sich auf den folgenden Seiten auf die Suche nach Ihrer Geschichte, und entdecken Sie dabei, wie Sie ganz persönlich andere Menschen leiten. Die Erkenntnisse dieser Entdeckungsreise können Ihnen dabei helfen, zu mehr Freiheit im Umgang mit Macht zu gelangen. Aber wagen Sie zunächst einen Blick zurück:

Workshop 2.2: Macht

In der Tabelle auf Seite 68 sehen Sie vier Hauptbereiche: „Ich habe Macht über mich", „Andere haben Macht über mich", „Ich habe Macht über andere" und „Andere haben Macht über andere". Was bedeuten diese Bereiche?

Bereich 1: „Ich habe Macht über mich"

Positive Erfahrungen können beispielsweise Augenblicke sein, in denen Sie sich beherrschen konnten und sich zu guten Leistungen angespornt haben. Negative Erfahrungen in Ihrem Leben waren vielleicht Situationen, in denen Sie sich selbst missbraucht oder erniedrigt oder sich schädlich verhalten haben.

Bereich 2: „Andere haben Macht über mich"

Positive Erfahrungen können sein: Andere haben mir gedient, mich herausgefordert und mir geholfen, meine Fähigkeiten und Fertigkeiten zu trainieren, sie haben mich beschützt und motiviert. Oder: Ich hatte einen Mentor an meiner Seite, der mich darin unterstützt hat, erste Schritte zu gehen, um erfolgreich zu werden. Negative Erfahrungen haben Sie dort gemacht, wo man Sie manipuliert, missbraucht oder dominiert hat – oder man Sie zwang, Dinge zu tun, die Sie eigentlich gar nicht tun wollten. Vielleicht hat man Sie auch belogen oder man hat Ihnen Angst eingejagt und Sie dadurch unter Druck gesetzt.

Bereich 3: „Ich habe Macht über andere"

Positive Erfahrungen können beispielsweise die Situationen sein, in denen Sie anderen gedient und sie motiviert oder angeleitet haben. Negative Erfahrungen können Situationen sein, in denen Sie andere manipuliert oder angelogen, sie missbraucht oder erniedrigt haben.

Bereich 4: „Andere haben Macht über andere"

Denken Sie jetzt nicht gleich an die großen Machthaber in der Geschichte – an Hitler, Stalin oder Mao. Natürlich haben diese in der Tat auf negative Weise Macht über andere ausgeübt. Versuchen Sie, sich an solche Situationen zu erinnern, in denen Sie selbst erfahren haben, wie Leiter und Autoritäten in Ihrer direkten Umgebung andere Menschen positiv oder negativ beeinflusst haben.

Vielleicht haben Sie erlebt, wie ein Leiter jemandem den Freiraum gab, sich zu entwickeln, dieser dabei aber auch Fehler machen durfte. Möglicherweise haben Sie ja einen Leiter kennen gelernt, der andere in schwierigen Zeiten angespornt und unterstützt, zu neuen Leistungen herausgefordert oder sie inspiriert hat, eigene Ideen zu entwickeln.

Negative Erfahrungen haben Sie ganz sicher dort gemacht, wo Menschen unterdrückt oder manipuliert wurden, wo man ihnen Angst machte und wo ein Leiter sie bei der Verfolgung seiner eigenen Ziele missbraucht hat.

Nehmen Sie sich jetzt etwas Zeit, um die Tabelle auf der nächsten Seite auszufüllen. Manchmal haben wir mit ein- und demselben Menschen sowohl positive als auch negative Erfahrungen gemacht. Füllen Sie alle vier Felder aus, und zwar unter Berücksichtigung der drei folgenden Lebensabschnitte: 0–10 Jahre, 10–30 Jahre und über 30 Jahre.

Workshop 2.2: Macht

	Ich übe Macht aus		Andere üben Macht aus		Lebens-abschnitt
über mich	Positive Erfahrung	Negative Erfahrung	Positive Erfahrung	Negative Erfahrung	
					0–10
					10–30
					30 +
über andere	Positive Erfahrung	Negative Erfahrung	Positive Erfahrung	Negative Erfahrung	
					0–10
					10–30
					30 +

Schritt 2: Lernen Sie aus Ihren eigenen Erfahrungen

Die folgende Tabelle wird Ihnen helfen, einen Überblick über Ihre – sowohl positiven als auch negativen – Erfahrungen zu bekommen. In einem weiteren Arbeitsgang sollten Sie sich dann darüber Gedanken machen, wie Ihr nächster Schritt aussehen könnte und welche Ideen Sie für Ihre weitere Entwicklung im Bereich der Leiterschaft haben. Denken Sie dabei daran, dass Sie nicht nur andere, sondern auch sich selbst leiten. Wie können Sie negative Verhaltensmuster vermeiden und ändern und wie können Sie durch einen positiven Umgang mit Macht anderen dienen?

Workshop 2.3: Was kann ich aus meinen Erfahrungen lernen?

1. Wo bin ich an mir selbst und an anderen schuldig geworden? » » » »	Wie kann ich dieses Verhalten verändern? » » » »
2. Wo sind andere an mir und an anderen Personen schuldig geworden? » » » »	Wie kann ich ein solches Verhalten vermeiden? » » » »
3. Welche positiven Erfahrungen will ich festhalten und in welchen Bereichen will ich mich weiterentwickeln? » » » »	Wie kann ich mit diesen positiven Erfahrungen umgehen, um anderen dienen zu können? » » » »

Schritt 3: Kommen Sie mit anderen ins Gespräch

Wahrscheinlich haben Sie beim Ausfüllen der Tabelle (besonders bei den Punkten 1 und 2) gemerkt, dass Sie an Ihre eigenen Grenzen stoßen. An manche Dinge können Sie sich vielleicht nicht mehr gut erinnern. Und in dem Augenblick, in dem Sie sachlich über Ihren Umgang mit Macht nachdenken, können auch Emotionen hochkommen. Das geschieht, weil Ihr Unterbewusstsein automatisch weiter diskutiert: „Wenn ich diese Eigenschaft bei mir selbst feststelle, muss ich auch irgendwie darauf reagieren – und das könnte peinliche Konsequenzen für mich haben." Aus diesem Grund ist es so enorm wichtig, dass Sie mit jemand anderem über die Entdeckungen reden, die Sie durch diese Übung gemacht haben. In einem Gespräch werden Sie noch viel mehr entdecken, weil Sie Dinge laut formulieren und so unmittelbar neue Ideen entwickeln können. Ihr Gesprächspartner wird Ihnen mit seinen Fragen und Gedanken helfen, noch weiterzudenken.

Welche Menschen eignen sich als Gesprächspartner? Auf jeden Fall sollte es jemand sein, dem Sie vertrauen und der mindestens genauso viel Lebenserfahrung hat wie Sie. Das kann ein Mentor sein, ein Coach, Ihr Vater oder Ihre Mutter, Ihr Lebenspartner, ein guter Freund oder ein geistlicher Begleiter.

In dem Augenblick, in dem Sie in Ihrer eigenen Geschichte auf Schuld stoßen, ist es natürlich wichtig, um Vergebung zu bitten und sie zu empfangen – und auch selbst anderen zu vergeben.

Corrie ten Boom

Ein Beispiel dafür, dass Vergebung immer möglich ist, ist Corrie ten Boom. Die überzeugte Christin machte es sich während der deutschen Besatzung der Niederlande zur Aufgabe, Juden zu retten, und wurde deshalb von den Nationalsozialisten in ein Konzentrationslager gesteckt. Dort kamen ihr Bruder, ihr Vater und ihre Schwester ums Leben. Sie selbst überlebte die Gräuel der Nazizeit und entkam auf wunderbare Weise dem Tod im KZ. In den folgenden Jahren verfestigte sich in ihr ein tiefer Hass, der sich gegen die deutschen Bewacher in ihrem Lager, aber auch gegen das gesamte deutsche Volk richtete. Doch sie ging zusammen mit Gott durch diesen schmerzvollen Prozess und lernte so, den Menschen, die sie und ihre Familienmitglieder erniedrigt und misshandelt hatten, persönlich zu vergeben.

Als sie eines Tages in Deutschland ihre Geschichte erzählte, kam ein Mann auf sie zu, der sie im Lager mehrfach misshandelt hatte, und bat sie um Vergebung. In diesem Augenblick war Corrie ten Boom bereit, dem Mann von Herzen zu vergeben.

Wie konnte sie so reagieren? Woher nahm sie die Kraft? Die Kraft kam durch ihre persönliche Beziehung zu Gott, der den Menschen durch Jesus Christus Vergebung schenkt. Sie hatte diese Vergebung für sich persönlich in

Anspruch genommen – und wenn wir Vergebung für unsere eigene Schuld empfangen, bekommen wir von Gott auch die Kraft, anderen zu vergeben.

Im 1. Brief des Johannes heißt es: „Wenn wir behaupten: ‚Wir sind ohne Schuld', betrügen wir uns selbst und die Wahrheit lebt nicht in uns. Wenn wir aber unsere Verfehlungen eingestehen, können wir damit rechnen, dass Gott treu und gerecht ist: Er wird uns dann unsere Verfehlungen vergeben und uns von aller Schuld reinigen" (1. Johannes 1,8–9).

Wenn wir behaupten, dass wir ohne Fehler seien und uns nie gegen Gott oder andere Menschen vergangen haben, dann reden wir uns selbst eine Lüge ein und es ist kein Platz mehr für die Wahrheit. Aber gerade sie brauchen wir doch so dringend, wenn wir unser Leben wirklich verstehen wollen. Wenn wir diese Einsicht dann haben, sollten wir in einem zweiten Schritt die Menschen um Vergebung bitten, die wir verletzt haben. Das Vaterunser – ein Gebet, das jeder Leiter täglich beten sollte – fasst dies in einem Satz zusammen: „... und vergib uns unsere Schuld, wie auch wir vergeben unsern Schuldigern" (Matthäus 6,12; Luther). In diesem Satz hat Jesus deutlich gemacht, wie wichtig es ist, dass wir täglich darauf achten, wo wir Macht besitzen und wo wir sie missbrauchen. Diese wenigen Worte aus dem Vaterunser zeigen uns, wie wir klare Einsichten für unser Leben bekommen und, wo es nötig ist, Vergebung empfangen können.

Aber auch hier gilt: Suchen Sie sich Freunde, die Ihnen gegenüber ehrlich sind und mit denen Sie über Ihren Umgang mit Macht nachdenken können.

Schritt 4: Machen Sie sich die Folgen des Machtmissbrauchs bewusst

Wenn Sie Ihr Verhalten ändern wollen, müssen Sie damit beginnen, dass Sie zunächst einmal zu Ihrem falschen Verhalten stehen (siehe Frage 1 und 2 der Tabelle auf S. 72). Danach können Sie in einem weiteren Schritt Ihre Fehler offen legen und mit anderen darüber sprechen. Vergeben Sie sich selbst und bitten Sie andere um Vergebung. Es ist wichtig, dass Sie sich bewusst machen, welche weit reichenden Konsequenzen Ihr Verhalten hat (z. B. Machtmissbrauch).

Workshop 2.4: Die Folgen des Machtmissbrauchs verstehen

Der folgende Workshop soll Ihnen dabei helfen, sich die Konsequenzen Ihres Machtmissbrauchs vor Augen zu führen. Schauen Sie sich noch einmal Ihre Notizen an, die Sie in den Workshops 2.2 und 2.3 gemacht haben. Konzentrieren Sie sich nun auf drei Formen des Machtmissbrauchs und richten Sie Ihr Augenmerk dabei sowohl auf sich selbst als auch auf die anderen.

Erfahrungen mit Machtmissbrauch	Die Folgen meines Machtmissbrauchs
bei mir selbst: » » » »	bei mir selbst: » » » »
bei anderen: » » » »	bei anderen: » » » »

Schritt 5: Überwinden Sie schlechte Gewohnheiten

Schlechte Gewohnheiten wird man nicht los, indem man sie wie gebannt anstarrt, so wie das Kaninchen die hungrige Schlange. Wenn Sie schlechte Gewohnheiten loswerden wollen, dann müssen Sie neue, positive Gewohnheiten entwickeln, die die alten ersetzen. Ich bezeichne dies als den „umgekehrten Weg“. Neue Einsichten, zu denen Sie in der Zwischenzeit gekommen sind, müssen fest in Ihrem Alltag verankert werden – indem Sie sie in die Praxis umsetzen.

Ein Beispiel: Wenn ich mit dem Auto fahre und wenig Zeit habe, stehe ich schnell unter Stress. Dann neige ich dazu, zu rasen und mich überall hindurchzuschlängeln. Wenn ich nach einer solchen Fahrt aus dem Fahrzeug steige, merke ich, dass mein ganzer Körper unter einer Spannung steht, die eigentlich völlig unnötig ist.

Wie kann ich mein Verhalten ändern? Ich tue das, indem ich kleine Rituale entwickle, die mir helfen, eine neue, gute Gewohnheit zu erlernen. Ich kann es mir beispielsweise zur Gewohnheit machen, ins Auto zu steigen und erst einmal ein kurzes Gebet zu sprechen – und danach erst den Motor zu starten und ruhig loszufahren. Zwischendurch achte ich regelmäßig darauf, ob meine Hände das Steuer verkrampft festhalten oder locker sind. Während der Fahrt kann ich mir natürlich darüber Sorgen machen, ob ich wohl pünktlich sein werde. Eine andere Möglichkeit wäre es zum Beispiel, ein Lied zu singen.

Dies ist natürlich ein sehr einfaches Beispiel dafür, wie man negatives Verhalten positiv verändern kann. Aber diese Strategie funktioniert auch im Umgang mit Macht.

Es sollte Ihr Ziel werden, nach einer Form des Herrschens zu streben, die andere aufbaut und ihnen dient. Wo könnten Sie neu Hingabe üben und Menschen dienen, damit diese erfolgreich werden?

Workshop 2.5: Schlechte Gewohnheiten überwinden

Stellen Sie sich in folgendem Workshop verschiedene Menschen vor Augen und fragen Sie sich: „Wie kann ich mir, was die Beziehungen zu ihnen betrifft, neue und positive Gewohnheiten aneigen?“

Notieren Sie zu jeder Person oder Gruppe, in welchem Bereich sie Erfolg haben könnte. Erkundigen Sie sich bei Ihrem Partner: Wie kann er oder sie ihrer persönlichen Berufung näher kommen? Sie könnten sie beispielsweise darin unterstützen, dass Sie Zeit in sie oder ihn investieren, hilfreiche Fragen stellen oder gemeinsam mit ihm bzw. ihr etwas unternehmen.

Gehen Sie so auch bei den anderen Personen und Gruppen vor. Schauen Sie sich jeden Einzelnen genau an und fragen Sie sich: „Wie kann ich lernen, ihm bzw. ihr mit neuer Hingabe zu dienen, und ihm (ihr) dabei helfen, erfolgreich zu sein?“

Workshop 2.5: Schlechte Gewohnheiten überwinden

Wo könnten Sie sich folgenden Personen und Gruppen neu zuwenden und ihnen helfen, erfolgreich zu sein?

Person	Wo möchte er/sie erfolgreich sein	Wie können Sie ihn/sie unterstützen
Partner		
Kinder		
Freund/Freundin		
Eltern/Familie		
Leiter/Vorgesetzter		
Kollegen		
Mitarbeiter		
Kunden		

Kapitel 3: **Leiten mit klaren Werten und Normen**

Wenn wir anfangen, Leitungsverantwortung zu übernehmen, werden uns Menschen folgen. Warum tun sie das? In Kapitel 1 haben wir gesehen, dass die Menschen zum größten Teil unserem „Sein" folgen und nur zu zehn Prozent unseren Worten. Wie drückt sich dieses „Sein" aus? Und wie kann ich mein „Sein" in Bezug zu meiner Leiterschaft gestalten? In unserer Gesellschaft, in der beinahe alles auf schwachen Füßen steht, haben Menschen ein starkes Bedürfnis nach Klarheit.

Klare Werte zeigen, was einen Leiter wirklich antreibt und was für ihn das Wichtigste ist. Sie sind die Grundprinzipien, auf denen sein Leben und Handeln basiert. Für einen Leiter sollte dazu beispielsweise gehören, Menschen zu ermutigen, ihre Bestimmung zu entdecken und sich zu entfalten.

Ein sehr gutes, aber auch etwas einseitiges Beispiel zum Thema „Leiterschaft" erwähnt Judith Maier in ihrem Buch „Es war schön, aber das Büro ist keine Kirmes" (das Buch der Niederländerin ist leider nicht auf Deutsch erschienen). In ihrem Unternehmen, so schreibt sie, spricht sie offen und ehrlich aus, wie sie Leiterschaft sieht: Sie trifft klare Absprachen mit ihren Kunden, Kollegen und leitenden Mitarbeitern, was Zeitinvestition und Verhalten betrifft. In ihrer Werbeagentur hat sie sogar Firmenbekleidung eingeführt.

Wir haben als *xpand*-Team für unsere Mitarbeiter ein Handbuch verfasst, in dem wir sowohl unsere Vision festgehalten als auch unsere Strategie, Organisation, Werte, Rechte und Pflichten entwickelt haben. Wir haben dies getan, weil wir miteinander einen gemeinsamen Weg gehen wollen, um gemeinsam eine Vision zu entwickeln, hinter der wir voller Überzeugung stehen können.

1. Wozu brauchen Sie als Leiter Werte?

Sie brauchen Werte, weil ...

1. ... Sie als Leiter selbst am besten wissen, wo Ihre Prioritäten liegen.
2. ... Sie einen konsequenten und klaren Führungsstil entwickeln sollten.
3. ... Werte die Grundlage für strategische Planung bilden.
4. ... Ihre Mitarbeiter von Anfang an wissen sollen, woran sie sind.

5. … sich die Mitarbeiter auf diese Weise auf Dauer mit den gemeinsam zu erreichenden Zielen identifizieren können.
6. … die Strukturen Ihres Unternehmens/Ihrer Organisation auf einem festen Fundament stehen sollen (das geschieht vor allem dann, wenn zu den Werten auch Normen hinzugefügt werden).
7. … die Kunden Einblick in das erhalten sollen, was Ihr Unternehmen/Ihre Organisation ausmacht, damit sie einen ersten Vertrauensschritt machen können.

An allen sieben Punkten wird deutlich: Es geht hier sowohl um den Inhalt (die Werte) als auch darum, wie er vermittelt wird. Aber es ist genauso wichtig, dass das Vertrauen in den Leiter und die Organisation, die ihrer Tätigkeit diese Normen und Werte zugrunde legt, wächst und sich Mitarbeiter und Leiter gegenseitig respektieren.

2. Die Quellen Ihrer Werte

Bevor Sie die Werte beschreiben, die Ihnen als Leiter wichtig sind, sollten Sie zunächst einmal darüber nachdenken, was Ihr Denken und Handeln beeinflusst. Im Folgenden möchte ich einen kurzen Blick auf sechs ausschließlich positive „Quellen" werfen, um zu vermeiden, dass Ihre Werte ausschließlich auf negative Erfahrungen zurückgehen:
1. Vorbilder: Personen, die mich geleitet haben,
2. Vorbilder: Leiter, von denen ich lernen kann,
3. meine Wünsche,
4. meine Träume,
5. Weisheiten aus der Bibel,
6. Weisheiten aus anderen Büchern.

Quelle 1: Meine Vorbilder

Welche Personen haben Ihre Vision von Führung positiv geformt? Denken Sie an Ihre Eltern, Lehrer, Leiter, Kollegen, an Politiker, Helden und Personen aus der Bibel. Lassen Sie mich diese Vorbilder in zwei Gruppen einteilen:
1. Leiter, denen Sie direkt unterstellt waren,
2. Leiter, die Sie nicht persönlich kennen (historische und lebende Vorbilder).

Workshop 3.1: Meine Vorbilder

Tragen Sie Ihre Vorbilder in die unten stehende Tabelle ein. Notieren Sie in der zweiten Spalte, welche positiven Dinge Sie von diesen Personen gelernt haben und was Sie an der Art und Weise, wie sie leiten, besonders anspricht.

Welche Personen haben Ihre Vision von Führung positiv geformt? Ihre Eltern, Lehrer, Vorgesetzten, Kollegen, Politiker, Helden, Personen aus der Bibel?

Personen, die mich geleitet haben	**Welche positiven Dinge habe ich von ihnen gelernt?**
	» » »

Lebende und historische Vorbilder	**Was spricht mich an ihrer Art der Führung an?**
	» » »

Quelle 2: Meine Wünsche und Träume

Horchen Sie in sich hinein: Wie würden Sie am liebsten geleitet werden? Denken Sie ruhig einmal darüber nach. Wie würden Sie selbst gern Führung erfahren und motiviert werden? Was wären hierfür die idealen Umstände? Schauen Sie sich auch Ihre Träume an. Welchen Führungsstil hätten Sie am liebsten, wenn Ihnen alle Wege offen stünden? Es geht nicht darum, in welcher Art und Weise Sie momentan Leitung ausüben, sondern wie Sie gern leiten *würden*. Tragen Sie diese beiden Gedanken in die folgenden zwei Tabellen ein.

Workshop 3.2: Meine Wünsche und Träume

Wie würde ich am liebsten geleitet werden? (Meine Wünsche)
»
»
»

Wie würde ich andere am liebsten leiten? (Meine Träume)
»
»
»

Quelle 3: Weisheiten

Die dritte Quelle unserer Werte sind Weisheiten. Kluge Informationen und Ratschläge können Sie überall finden, zum Beispiel:

- in der Bibel: Hier finden Sie Themen, die wichtig für die Umsetzung in der Praxis sind.
- andere Bücher: zum Beispiel gute Bücher zum Thema „Leiterschaft" und „Führung".

Neben der Bibel und anderen guten Büchern gibt es natürlich noch weitere „Weisheitsquellen" – Begegnungen mit Menschen, Filme, Vorträge usw.

Workshop 3.3: Weisheiten

Füllen Sie die folgende Tabelle aus. Wenn Sie über Weisheiten aus der Bibel nachdenken, sollten Sie die entsprechenden Bibelstellen notieren, die Ihnen vermitteln, wie gute Leiterschaft aussieht. Achten Sie darauf, dass sich am Ende drei Dinge herauskristallisieren, die Sie lernen wollen.

Wenn Sie Ihr Augenmerk auf andere Fachbücher richten: Welche Bücher über Leiterschaft und Führung haben Sie inspiriert? Wenn Sie sehr viele Titel anführen, sollten Sie allerdings beachten, auch hier ganz konkret drei Dinge festzuhalten, die Sie in die Praxis umsetzen wollen.

Workshop 3.3: Weisheiten

Bibeltexte	**Drei Dinge, die ich lernen will**
	» » »

Bücher	**Drei Dinge, die ich lernen will**
	» » »

3. Definieren Sie Ihre Werte als Leiter

Wie können Sie fünf bis sieben „goldene Regeln“ aufstellen? Folgende vier Schritte können Ihnen dabei behilflich sein:

1. Bringen Sie Ihre Quellen für gute Leiterschaft auf den Punkt.
2. Formulieren Sie Ihre Grundwerte für Leiterschaft.
3. Entwerfen Sie ein farbiges Wappenschild.
4. Übertragen Sie Ihre Grundwerte in Normen.

Schritt 1: Bringen Sie Ihre Quellen auf den Punkt

In der folgenden Übung können Sie zu jeder Ihrer sechs Quellen jeweils drei wichtige Kerngedanken festhalten. Nehmen Sie sich etwas Zeit, um die Tabelle in Ruhe auszufüllen. Das wird Ihnen eine solide Grundlage für die Formulierung Ihrer eigenen Werte geben.

Workshop 3.4: Schritt 1: Was kann ich meinen Quellen entnehmen?

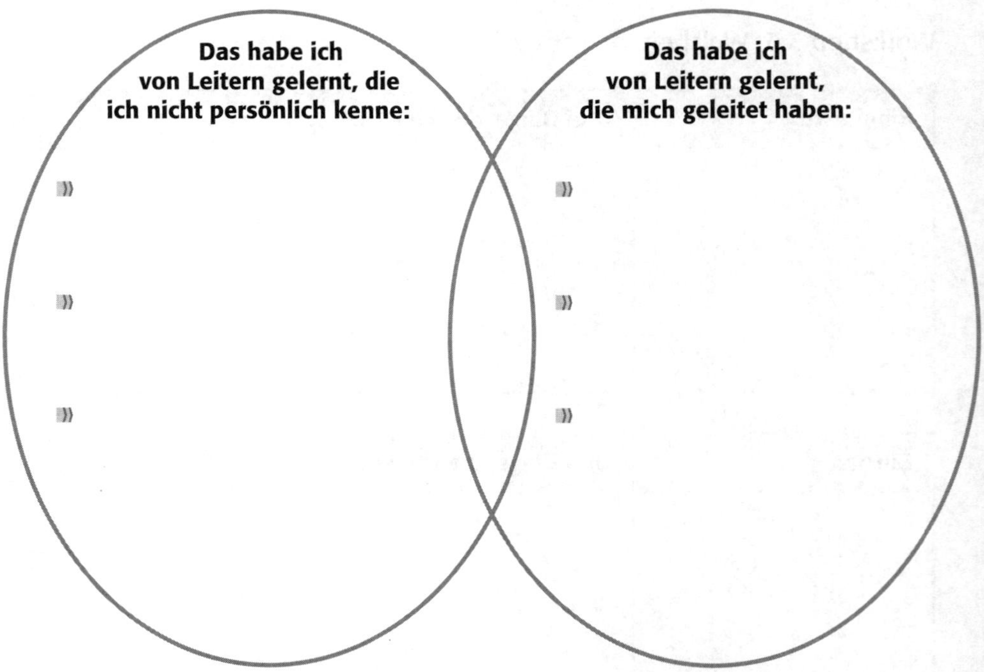

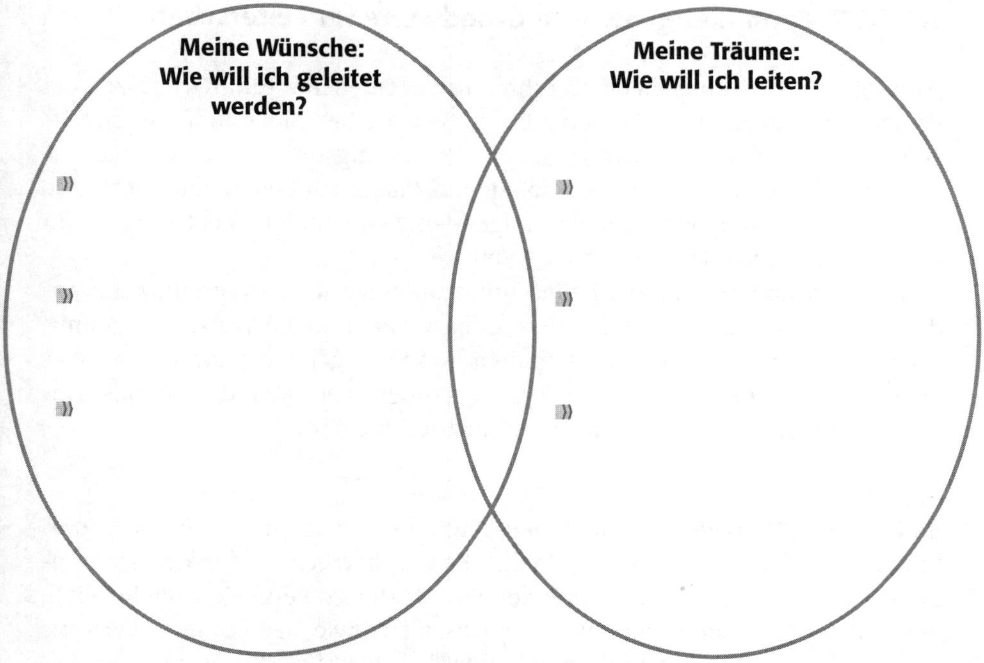
Meine Wünsche:
Wie will ich geleitet werden?
Meine Träume:
Wie will ich leiten?

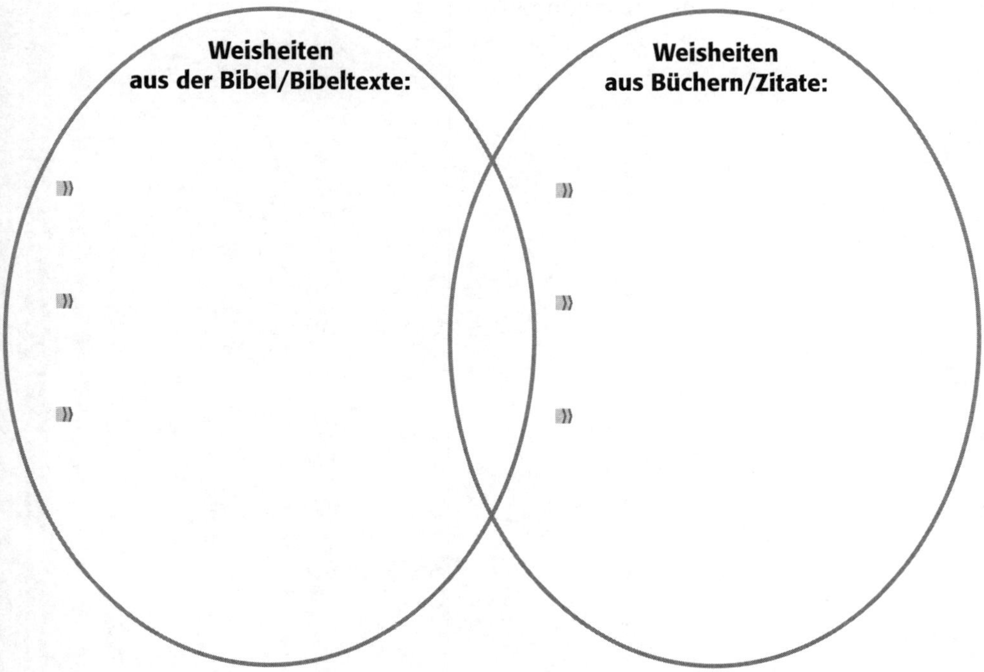
Weisheiten
aus der Bibel/Bibeltexte:
Weisheiten
aus Büchern/Zitate:

Schritt 2: Formulieren Sie Ihre Grundwerte für Leiterschaft

Formulieren Sie – ausgehend von Ihren sechs Quellen – fünf Kernsätze oder Schlagworte, die zu Ihrer Person passen. Beschreiben Sie in fünf kurzen Sätzen, was Ihnen für Ihre Art zu leiten am wichtigsten ist. Suchen Sie anschließend nach einem Symbol, das den Kernsatz am besten illustriert, und setzen Sie es daneben. Auf der folgenden Seite finden Sie Beispiele für Grundwerte sowie dazu passende Symbole.

Wozu Symbole? Symbole helfen uns zum einen, eine Erkenntnis auf andere Weise zu erfassen, zum anderen, diese auf einfache Weise zu kommunizieren und im Gedächtnis zu behalten. Am Ende geht es nicht um das, was Sie selbst über Ihre Grundwerte denken, sondern vor allem darum, dass andere verstehen, was Sie mit den Grundwerten meinen.

Beispiele

Im Herbst 2003 hielten wir als *xpand*-Team auf der schottischen Insel Cumbrae ein Seminar zum Thema „Macht". Es war herrlich, in der kleinsten Kathedrale Europas und dem angrenzenden Kloster zu verweilen. Viele Leiter, die an diesem Seminar teilnahmen, machten sich wie Sie über ihre Werte als Leiter Gedanken und formulierten schließlich ihre fünf Kernsätze. Die folgenden beiden Beispiele sollen Ihnen eine Vorstellung davon vermitteln, wie solche Grundwerte aussehen können.

Beispiel 1: Geschäftsführer und Eigentümer eines Betriebes mit 150 Mitarbeitern

Wie will ich leiten?	**Symbol**
1. Ich will Menschen so leiten, dass die Qualität ihrer Arbeit von allen als gut bewertet wird.	
2. Ich will Menschen so leiten, dass ihr Selbstwertgefühl durch ihre Arbeit auf gesunde Weise wächst.	
3. Ich will Menschen so leiten, dass sie sich über die Ergebnisse freuen können, die sie durch ihre Anstrengung erreicht haben.	
4. Ich will Menschen so leiten, dass Rückschläge sie nicht entmutigen, sondern zu guten Ergebnissen anspornen.	
5. Ich will Menschen so leiten, dass sie erkennen, dass ich mein eigenes Leben nur in der Verantwortung vor Gott führen kann.	

Beispiel 2: Pädagoge und Berater

Wie will ich leiten?	**Symbol**
1. Qualität: Nicht öffentlich Wasser predigen und heimlich Wein trinken. (Worte sollen mit dem Tun übereinstimmen.)	
2. Kontemplation: Mit einer kontemplativen Lebenshaltung arbeiten. (Parkplätze und Fluchtwege einbauen.)	
3. Bewusstsein: Selbst empfangsbereit sein und die Realität bewusst wahrnehmen. (Am Geschehen interessiert und darin involviert sein, aktiv am Leben teilnehmen, anderen zuhören.)	
4. Verstand: Menschen zur Einsicht in das Wesen der Dinge verhelfen. (Lehren, Erkenntnisse an Modellen deutlich machen, Bezug zwischen den Teilinformationen herstellen.)	
5. Erlebnis: Geheimnisse entdecken und andere daran teilhaben lassen. (Vorbereiten der Umgebung, anderen Raum bieten, Fragen stellen, zusammen still sein, Anweisungen geben, Rituale einbauen.)	

Workshop 3.5: Schritt 2: Wie will ich leiten?

In diesem Workshop können Sie Ihre eigenen Grundwerte formulieren und mit jeweils einem Symbol versehen.

Wie will ich leiten?	Symbol
1.	
2.	
3.	
4.	
5.	

Schritt 3: Entwerfen Sie einen farbigen Wappenschild

Warum einen Schild? Die Wappenkunst (ein Bereich der Heraldik, die wiederum ein Zweig der Geschichtswissenschaft ist) hatte im Mittelalter eine sehr große Bedeutung. Die Ritter kamen mit ihren Schilden in Turnieren zusammen, um ihr Können zu messen und die Ehre ihres Hauses hochzuhalten. Der Schild diente nicht nur als wichtigstes Verteidigungsmittel, sondern war auch das Zeichen dafür, aus welchem Hause ein Ritter stammte. Die Symbole und Farben des Schildes machten für jedermann deutlich sichtbar, welche Werte diesem Haus am wichtigsten waren. Wenn wir unseren eigenen Grundwerten für Leiterschaft Ausdruck verleihen wollen, dann ist dies ein ausgezeichnetes Vorbild.

Wenn Sie sich an den Entwurf Ihres Wappenschildes machen, werden die unterschiedlichen Bereiche Ihres Gehirns beansprucht, und Sie können auf diese Weise mit Symbolen, Bildern und Farben zum Ausdruck zu bringen, was für Sie wichtig ist.

Zeichnen Sie in Workshop 3.6 mit Farbstiften einen Wappenschild und illustrieren Sie auf diese Weise Ihre fünf Grundwerte für Leiterschaft. Sie dürfen alle Symbole und Farben verwenden; lediglich Worte sind nicht erlaubt. Einzig in das wehende Band, das auf einem Schild häufig unterhalb des Wappens selbst angebracht ist, dürfen Sie einen Spruch schreiben. Unter dem niederländischen Wappen steht zum Beispiel der Satz: „Je maintiendrai“ (Ich werde bewahren). Lassen Sie sich bei der Gestaltung Ihres Schildes in erster Linie von den sechs Quellen Ihrer Werte sowie von Ihren fünf Kernsätzen mit den dazugehörigen Symbolen leiten. Viel Spaß beim Zeichnen!

Workshop 3.6: Wappenschild

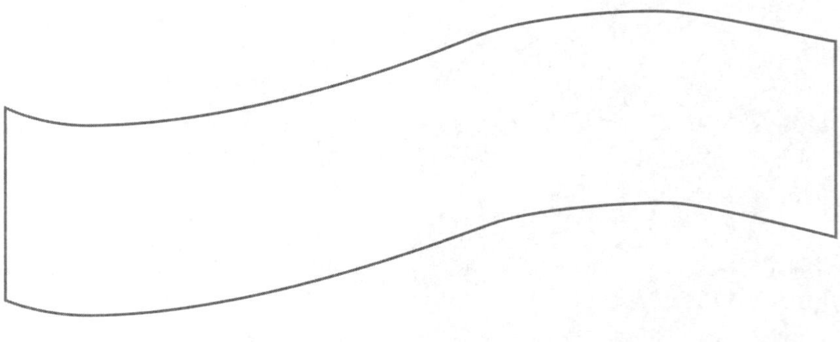

Schritt 4: Übertragen Sie Ihre Grundwerte in Normen

In dem Buch „Der Betriebscode" der Stiftung Ethicon (nicht auf Deutsch erschienen) haben die Autoren ein Schaubild entwickelt, das das Thema „Werte und Normen" illustriert:

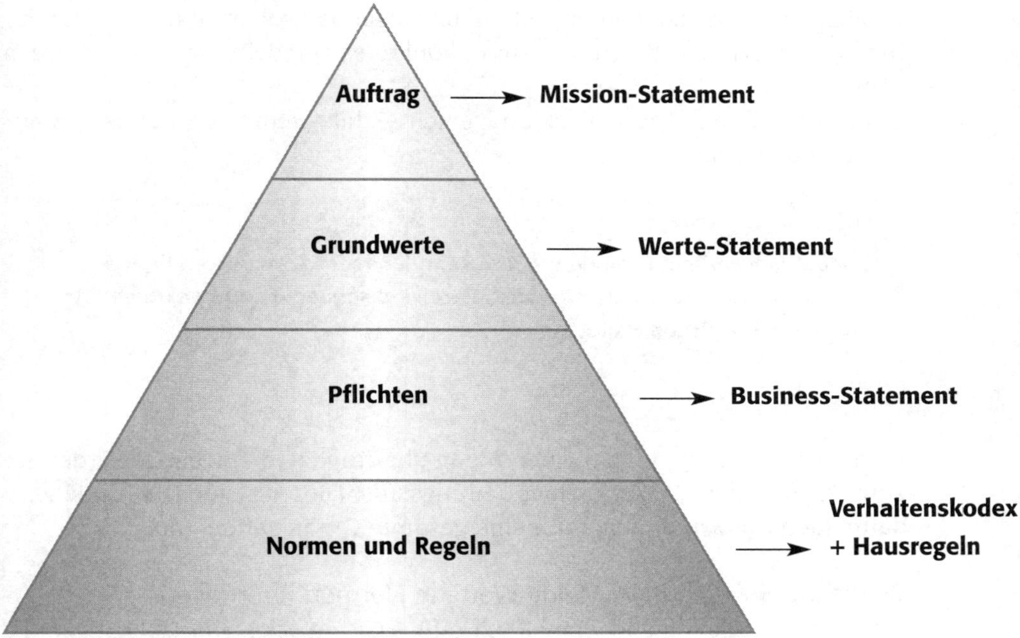

Die einzelnen Ebenen werden wie folgt beschrieben:

1. Auftrag

In diesem Kernsatz werden die strategischen Ziele des Unternehmens formuliert. Er gibt Antwort auf die Frage, wofür die Organisation steht.

2. Grundwerte

Grundwerte sind die wichtigsten Maßstäbe, die ein Unternehmen braucht. Sie bilden die Basis der Unternehmenskultur. Grundwerte appellieren vor allem an die Einstellung der Mitarbeiter. Sie sind jedoch keine Anweisungen für konkretes Verhalten.

3. Pflichten

Auftrag und Werte werden in Pflichten übertragen. Das Unternehmen ist dabei seinen Anteilseignern verantwortlich.

4. Normen und Regeln

Normen bieten Verhaltensrichtlinien für Arbeitgeber und Arbeitnehmer in Situationen, in denen eindeutige Regeln unmöglich oder unerwünscht sind. Regeln dagegen geben exakt an, was getan werden darf und was nicht.

Es ist sehr sinnvoll, seine Grundwerte zu definieren und sich bewusst zu machen, dass diese Werte Teil eines größeren Konzeptes sind, die in Normen und Regeln übersetzt werden sollten. Im Folgenden soll es nun vor allem darum gehen, wie diese Grundwerte in konkretes Handeln umgesetzt werden können.

In ihrem Buch „Die neue Management-Ethik" schreiben Kenneth Blanchard und Michael O'Connor:

„Dauerhafter Erfolg entsteht nicht so sehr durch das Formulieren Ihrer Führungswerte, sondern vielmehr durch deren konsequente und beharrliche Umsetzung im täglichen Handeln."

Wenn ich meine Werte in meinen Alltag übertrage und anwende, werden sie zum „genetischen Code" meines Leitungsstils. Dieser genetische Code wird dann auch Auswirkungen auf meine gesamte Organisation haben.

Workshop 3.7: Schritt 4: Meine Werte in Normen übertragen

Tragen Sie in die folgende Tabelle Ihre fünf Grundwerte ein. Übertragen Sie jeden dieser Grundwerte in kleine praktische, wenn möglich tägliche Übungen oder Aktivitäten. Notieren Sie in der dritten Spalte je eine Person, die Sie hinsichtlich der Umsetzung Ihrer Werte beraten und bestärken könnte.

Workshop 3.7: Schritt 4: Meine Werte in Normen übertragen

Meine Grundwerte	**Wie kann ich dies praktisch umsetzen?**	**Wer kann mich dabei beraten und im positiven Sinn kontrollieren?**
Beispiel: Jeder Mitarbeiter ist einzigartig.	Ich will lernen, aufmerksam zuzuhören. Ich will meine Mitarbeiter verstärkt nach ihren Ideen und ihrer Meinung fragen. Ich werde jedes Gespräch in kurzen Notizen festhalten, damit ich sehen kann, wie sich meine Mitarbeiter entwickeln.	mein Chef
1.	» » »	
2.	» » »	
3.	» » »	
4.	» » »	
5.	» » »	

4. Umgang mit Erfolg und Misserfolg

Als Leiter werden Sie sowohl Erfolg als auch Misserfolg erleben. Wie gehen Sie damit um? Auf zwei wichtige Aspekte möchte ich im Folgenden vor allem eingehen:

1. Legen Sie Pausen ein.
2. Lernen Sie aus Ihren Fehlern.

Pausen

Ich habe einen Kollegen, der Marathon-Eisläufer ist. Er hat an der Elf-Städte-Tour in Friesland teilgenommen, die immer nur dann stattfindet, wenn der Winter frostig genug ist und die Kanäle in Friesland mit einer dicken Eisschicht überzogen sind. Im Winter fährt mein Kollege regelmäßig zum Training nach Österreich. Dort läuft er zusammen mit anderen Niederländern auf einem zugefrorenen See 200 Kilometer an einem Stück. Stellen Sie sich das nur einmal vor: achteinhalb Stunden an einem Stück Eislaufen. Wie hält man dies körperlich und geistig durch? Nun, alle 20 Kilometer passiert er eine Start- und Ziellinie. Dort isst er dann Rosinen und trinkt etwas Warmes. Er achtet darauf, regelmäßig Pausen einzulegen, weil er weiß, dass dies für seinen Körper und seine mentale Einstellung wichtig ist.

Das ist, wie ich finde, ein sehr schönes Beispiel für Leiterschaft. Man kann diese gut mit einem Marathonlauf vergleichen, während dem man regelmäßig kurz anhält oder zumindest innerlich eine Pause einlegt, um sich zu erfrischen. Achten auch Sie darauf, regelmäßig solche „Kurzferien" in Ihr Leben einzubauen!

Feste feiern

Wenn Sie Ihre Leiterschaftswerte und Normen definiert haben und anfangen, danach zu leben, ist es wichtig, daran zu denken, regelmäßig ein Fest zu feiern.

Warum sollten Sie das tun? Ein Fest zu feiern ist wie eine Oase inmitten eines anstrengenden Tages. Ein Fest zu feiern bedeutet, innezuhalten und zu genießen, was man erlebt und erreicht hat. Es ist eine festliche Erinnerung daran, dass das Leben mehr ist als Arbeit und Anstrengung. Aus diesem Grund ist es wichtig, dass Sie als Leiter einen Lebensstil entwickeln, der einen Rahmen bietet, um regelmäßig Feste feiern zu können – für sich ganz allein, aber auch in Ihrem Team.

Feste feiern mit mir selbst

„Ein Fest mit mir ganz allein feiern" – wie ist das zu verstehen? Es bedeutet: Belohnen Sie sich nach der Arbeit (oder vielleicht sogar während der Arbeit)!

Sie haben nicht erst nach einer großen Herausforderung, sondern nach jedem kleinen Zwischenschritt eine Belohnung verdient! Es geht darum, dass Sie sich selbst motivieren und mit Ihrer eigenen Leistung zufrieden sind. Wie kann dies in der Praxis aussehen?

Hier ein Beispiel aus meinem Leben: Wenn ich eine Zeit lang nicht zu Hause war und nach zwei Tagen zurückfahre, kehre ich kurz in ein Restaurant ein. Dort trinke ich in aller Ruhe eine halbe Stunde lang Kaffee, esse ein Stück Torte, lese Zeitung und versuche, mich zu entspannen.

Eine andere Möglichkeit, sich selbst zu belohnen, besteht darin, einem Hobby nachzugehen. Ich zum Beispiel sammle Bücher von Romano Guardini, der mehr als 100 Bücher verfasst hat, die auf Deutsch, Englisch, Französisch und Niederländisch erschienen sind. Weil meine Sammlung noch lange nicht vollständig ist, gehe ich in ein Antiquariat, wenn ich mal in eine andere Stadt komme. Ich schaue, ob ich dort ein Buch von Guardini finden kann, das ich noch nicht besitze. Suchen, finden, kaufen und das Buch schließlich meiner Sammlung hinzufügen – das ist für mich immer ein kleines Fest.

Welche Hobbys haben Sie? Es ist wichtig, dass Sie mit sich selbst immer wieder ein Fest feiern, denn so werden Sie in Ihren Normen und Werten bestärkt.

Workshop 3.8: Persönliche Feste

Tragen Sie in den folgenden Kasten Ihre „persönlichen Feste" ein. Womit können Sie sich regelmäßig belohnen, ohne dass gleich hohe Kosten entstehen?

Feste, die ich mit mir selbst feiern kann
»
»
»
»
»
»
»

Feste feiern mit Ihrem Team

Es ist ebenfalls wichtig, Feste mit dem Team zu feiern, wenn man Normen und Werte im gemeinsamen Handeln verankern will. Es gibt viele Möglichkeiten, ein solches Fest auszurichten – hier ein Beispiel, wie wir dies in unserem Team handhaben:

Als *Power Management Team* (heute *xpand*) hatten wir schon vor Jahren die Idee, in der Weihnachtszeit ein großes Essen für alle Mitarbeiter und ihre Partner zu veranstalten. Hinter dieser Weihnachtsfeier stand auch die Idee, dass die Mitarbeiter einander belohnen sollten. Jeder bekam im Vorfeld eine Karte mit dem Namen eines anderen Mitarbeiters. Er oder sie sollte dann eine Karte an diesen Mitarbeiter schreiben, ein schönes Geschenk kaufen und beim Essen drei Dinge aufzählen, die er oder sie an diesem Kollegen am meisten schätzt.

Manchmal – so wie im letzten Jahr – kann es passieren, dass 25 Mitarbeiter mit ihren Lebenspartnern am Tisch sitzen und man an einem Abend 25 dieser kleinen „Wertschätzungs-Vorträge“ hört. Worum geht es bei diesen zahlreichen Redebeiträgen? Zunächst erklärt derjenige, der gerade spricht, was er an seinem Kollegen positiv findet. Zweitens wird dieser Kollege im Beisein des ganzen Teams geehrt. Und drittens wird auf diese Weise auch der Partner des Mitarbeiters geehrt und in die gemeinsame Unternehmung einbezogen.

Indem Sie die Stärken der anderen entdecken, sie benennen und wertschätzen, können Sie zum Ausdruck bringen, welche Normen und Werte Ihnen, anderen und dem gesamten Team wichtig sind.

Unsere Weihnachtsfeier ist natürlich nur ein Beispiel. Wichtig ist, dass Sie den Mitgliedern Ihres Teams regelmäßig dafür danken, dass sie sich mit den Normen und Werten identifizieren, die Sie gemeinsam vereinbart haben. Feiern Sie also sowohl nach großen als auch nach kleinen Erfolgen (oder auch einfach nur einmal so) mit Ihren Mitarbeitern ein Fest.

Workshop 3.9: Werte und Normen in Ihrem Team

Im folgenden Workshop will ich Sie herausfordern, einmal über Ihr eigenes Team nachzudenken. Welche Werte und Normen werden dort gelebt? In der ersten Spalte können Sie festhalten, nach welchen Normen und Werten Ihre Mitarbeiter in der letzten Zeit gelebt haben. In die zweite Spalte können Sie eintragen, durch wen und wann diese Werte und Normen umgesetzt wurden. Und dann möchte ich Sie einladen, in der dritten Spalte kreativ zu werden. Denken Sie dort einmal darüber nach, wie und wann Sie einem bestimmten Mitarbeiter beziehungsweise Ihrem gesamten Team dafür danken können.

Sie könnten zum Beispiel ein kleines Fest feiern – und jedem Mitarbeiter Kaffee und Kuchen spendieren und dabei einmal aussprechen, wie dankbar Sie für eine ganz bestimmte Sache sind. Sie können aber auch einem einzelnen Mitarbeiter persönlich danken (zum Beispiel mit einer Karte).

Workshop 3.9: Werte und Normen in Ihrem Team

Umgesetzte Werte und Normen	Von wem, wie und wann	Wie und wann kann ich mich dafür bedanken?

Mit Misserfolg umgehen

John Maxwell verwendet in einem seiner Bücher den Begriff „vorwärts scheitern". Ich halte dies für ein wunderbares Wort, weil es ausdrückt, dass ich durch meine Fehler weiterkommen und mich in meinem Auftrag, in meiner Arbeit und in meinem Charakter weiterentwickeln kann. Es ist natürlich keineswegs so, dass man immer dann, wenn man einen Fehler gemacht hat, dadurch auch weiterkommt. Aber durch Fehler lernt man sowohl sich selbst als auch die anderen besser kennen und wird nachsichtiger. Entscheidend ist in jedem Fall, ob Sie etwas aus Ihren eigenen Misserfolgen und den Misserfolgen anderer lernen können.

Das Problem ist nicht, dass wir Fehler machen. Es gehört zu unserem Menschsein dazu, dass wir unvollkommen sind und in einer unvollkommenen Welt leben. Die entscheidende Frage lautet: Wie gehe ich mit meinen Fehlern um? Oder um es mit anderen Worten zu sagen: Lerne ich, wieder aufzustehen, wenn ich gefallen bin? Was hilft mir dabei, wieder nach vorn zu schauen?

Die folgenden fünf Schritte können Ihnen hier weiterhelfen:

1. Sie dürfen ärgerlich oder niedergeschlagen sein und sich über Ihr Missgeschick aufregen. Verdrängen Sie Ihre Emotionen, den Ärger, den Zorn und die Enttäuschung über Ihre Fehler nicht. Nehmen Sie sich die Zeit, erst einmal emotional zu reagieren.
2. Fragen Sie sich: „Was ist eigentlich passiert? Wie kam es dazu? Welche Werte und Normen habe ich aus den Augen verloren? Habe ich einfach vergessen, sie in die Praxis umzusetzen?“
3. Was kann ich aus dem Misserfolg lernen? Welche nächsten Schritte sollte ich jetzt unternehmen? Wie kann ich das, was ich über mich selbst und andere gelernt habe, in mein Leben bzw. in meine Arbeit integrieren?
4. Gibt es Möglichkeiten, wie ich mich selbst regelmäßig daran erinnern kann?
5. Nachdem Sie sich über all diese Dinge Gedanken gemacht haben, sollten Sie erneut auf Kurs gehen und sich Ihr Ziel vor Augen stellen. Halten Sie durch, um das Rennen zu gewinnen. Gewinnen bedeutet nicht, dass Sie die Ziellinie als Erster überqueren müssen, sondern dass Sie – wenn Sie hingefallen sind – immer wieder aufstehen und Ihr Ziel schließlich erreichen.

In Kapitel 2, Abschnitt 3 („Umgang mit Macht“, S. 60) haben wir bereits darüber gesprochen, wie man mit negativen Erfahrungen umgehen kann. Lassen Sie sich nun ermutigen, auch Ihre negativen Erfahrungen mit Werten und Normen anzugehen.

Thomas Edison

Bevor ich dieses Kapitel abschließe, möchte ich Ihnen von Thomas Edison erzählen, einem Wissenschaftler, der es gelernt hat, mit Enttäuschungen im Leben umzugehen. Der Erfinder unternahm ungefähr 10.000 Versuche, bis ihm endlich der Durchbruch gelang: die Kohlenfaden-Glühlampe.

Stellen Sie sich das einmal vor: 10.000 missglückte Experimente. Wann hätten Sie Ihre Experimente eingestellt? Nach dem 20. Versuch? Nach dem 50.? Nach dem 100. oder vielleicht erst nach dem 1.000. Versuch? Was geht in einem Menschen vor, der bis zu 10.000 Anläufe unternimmt, um sein Ziel zu erreichen? Thomas Edison war ein Mensch, der es verstand, nach einem Misserfolg wieder aufzustehen, und der schließlich auf diese Weise viele seiner Ziele erreicht hat.

Ich möchte Ihnen das entscheidende Detail von Edisons Geschichte nicht vorenthalten. Edison hatte einen Vater, der ihn von seinem 9. bis zu seinem 29. Lebensjahr in seinem Forscherdrang begleitete. Jedes Mal, wenn der junge Edison etwas Neues erfunden hatte, zeigte er es seinem Vater. Sein Vater beurteilte das Ergebnis und gab Edison immer eine positive Rückmeldung in Bezug auf ein, zwei oder drei Erfahrungen, die er in seinem neuen Experiment gemacht hatte.

Können Sie sich vorstellen, einen Vater zu haben, der Sie 20 Jahre lang unterstützt, Ihnen zur Seite steht und für jeden geglückten Versuch Komplimente macht? An Edisons Geschichte können Sie erkennen, wie wichtig es ist, nicht aufzugeben und gleichzeitig jemanden zu haben, der Ihnen ehrliche Rückmeldung gibt.

Herausforderung

Ich möchte Sie als Leiter gern herausfordern: Werden Sie wie Edison! Wagen Sie es, eine Vision zu entwickeln. Wagen Sie es, Werte und Normen für sich und Ihr Team zu formulieren. Und wagen Sie es dranzubleiben. Stehen Sie immer wieder auf, wenn etwas nicht geglückt ist. Wagen Sie es, die richtigen Schlüsse daraus zu ziehen, und halten Sie durch, bis Sie die Ziellinie überquert haben.

Aber auch das ist wichtig: Werden Sie wie der Vater von Thomas Edison. Wagen Sie es, Ihren Mitarbeitern Rückmeldung zu geben. Ermutigen Sie sie in dem, was sie gut machen, und unterbreiten Sie ihnen Vorschläge, in welchen Bereichen sie sich weiterentwickeln können. Haben Sie den Mut, von sich selbst wegzusehen und sich Ihren Mitarbeitern zuzuwenden. Motivieren Sie Ihr Team, sich durch Misserfolge nicht entmutigen zu lassen, sondern aufzustehen und weiterzugehen. Wagen Sie es, an Menschen zu glauben – gerade dann, wenn sie keinen Glauben mehr an sich selbst haben.

Kapitel 4:
Ausgewogenheit zwischen Aktion und Kontemplation

Als Leiter stehen Sie ständig vor der Herausforderung, Aktivitäten anzustoßen und durchzuführen. Dadurch eröffnen sich Ihnen auch stets neue Möglichkeiten, Macht auszuüben. Wir haben im vorangegangenen Kapitel gesehen, dass man Macht auch genießen kann – die Macht, etwas zu formen, die Macht zu sprechen, zu inspirieren und Entscheidungen zu fällen. Je mehr Erfahrungen Sie in diesem Bereich sammeln und je mehr sich Ihr Charakter weiterentwickelt, desto größer wird Ihr Mandat. Immer mehr Menschen werden Ihnen Macht und Autorität auch gönnen. Die Frage ist nun: Kann ein Mensch die ihm übertragene Macht auch mit seiner Persönlichkeit tragen? Darum soll es in diesem Kapitel gehen.

1. Aktion und Kontemplation

Wenn ich immer mehr Macht erlange, schwirren mein Herz und mein Kopf, sodass ich nichts mehr hören und nicht mehr richtig schlafen kann. Ich wache ständig auf und mir kreisen immer neue Ideen im Kopf herum. Ich finde keine Zeit und Ruhe mehr für ein Gespräch mit mir selbst. Kürzlich hörte ich jemanden sagen: „Heute habe ich eine Verabredung mit mir. Ich werde mich selbst besuchen und bin gespannt, ob ich auch zu Hause bin."

Das Leben eines Menschen ist erst dann ausgewogen, wenn er beide Seiten der Medaille sieht und in seinem Leben umsetzt: Aktion und Bewegung auf der einen Seite – Kontemplation, Zuhören, Ruhe und Verstehen auf der anderen Seite.

Guardini schreibt in seinem Buch „Die Gestalt der Zukunft":

> **„Es gibt zwei fundamentale Formen des menschlichen Lebens. [...] Wir nennen diese die aktive und die kontemplative Haltung. [...] Die andere Haltung, die kontemplative Haltung, sucht das eigene Zentrum, [...] geht auf Abstand und steht ihr frei gegenüber."**

Die aktive Haltung bestimmt seit fünf Jahrhunderten das Leben des Menschen und hat im Laufe der Jahre beständig an Macht gewonnen. Die kontemplative Haltung dagegen verliert an Bedeutung. Als Folge davon sind die Menschen immer weniger in der Lage, einen festen Standpunkt einzunehmen. Sie besitzen immer weniger Urteilsvermögen und haben kaum noch einen Blick für das Ganze. Es gelingt ihnen oft nicht, in ihrem Leben Ordnung zu schaffen und einen Sinn in ihrem Dasein zu erkennen. Dies führt dazu, dass sich der Mensch von Tag zu Tag schneller an das anpasst, was um ihn herum geschieht.

Wo stehen Sie derzeit? Aktion und Kontemplation sind wichtige Lebensgrundlagen des Menschen. Neigen Sie zurzeit eher in Richtung Aktion oder eher in Richtung Kontemplation? Was genießen Sie mehr? Ich möchte Sie herausfordern, diese Frage im folgenden Abschnitt des Buches für sich zu beantworten: „Wo stehe ich?“

Workshop 4.1: Wo stehe ich?

Kreuzen Sie in der folgenden Tabelle alle Punkte an, bei denen Sie sich am ehesten zu Hause fühlen. Oder mit anderen Worten: Was liegt Ihnen mehr?

Workshop 4.1: Wo stehe ich?

Aktion	**Kontemplation**
» handeln » sprechen » im Gespräch sein » erobern » etwas gestalten » verändern » lieben » vorausdenken » mit anderen zusammen sein » Erkenntnisse sammeln » in der Aktivität aufgehen » kontrollieren » verstehen » geben	» beobachten » zuhören » still sein » genießen » Pause machen » sich von Gewohnheiten leiten lassen » sich lieben lassen » nachdenken » mit sich selbst zusammen sein » Offenbarung empfangen » die Aktivität hinter sich lassen » loslassen » verstanden werden » empfangen
Summe:	Summe:
Aktion: %	Kontemplation: %

2. Kontemplation

Stille, Ruhe und Einkehr sind drei Begriffe, die eine kontemplative Lebenshaltung beschreiben.

Stille

Der Mensch ist ein Wesen mit der Fähigkeit zu sprechen. Er hat die Gabe mitzuteilen, was er weiß und denkt. Im Dialog mit anderen wächst seine Einsicht in die Wahrheit: Ich erzähle Ihnen, was ich denke, Sie erzählen mir, was Sie darüber denken, und ich lasse Sie wissen, was ich wiederum über das denke, was Sie gesagt haben … So wächst im Dialog die Erkenntnis. Aber diese Erkenntnis braucht auch das Schweigen, um sich entfalten zu können.

Schweigen bedeutet, hinzuhören, die Wahrheit tiefer zu durchdringen, die Dinge zu begreifen, den Sinn der Dinge zu entdecken. Man kann zum Beispiel endlos darüber sprechen, wie wichtig Beziehungen sind, ohne wirklich zu verstehen, was eine gesunde Beziehung ausmacht. Menschen, die einen Angehörigen oder guten Freund verloren haben, sind davon überzeugt, dass Beziehungen das Wichtigste im Leben sind. Wenn man erst eine so schmerzvolle Erfahrung machen muss, um zu dieser Erkenntnis zu gelangen, ist das natürlich eine sehr harte Lektion. Es geht auch anders.

Schweigen ist nicht etwa etwas Negatives oder Unproduktives, im Gegenteil: Schweigen bedeutet, neue Lebensenergie zu tanken und zu einer neuen Tiefe vorzudringen. Kontemplation beginnt da, wo ich schweigen lerne, wo ich in die Stille gehe, um die Stimme meines Herzens wahrzunehmen, um auf Gott zu hören –und so zu entdecken, wo das wahre Leben ist.

Ruhe

„Der Mensch ist aktiv. [...] Ruhe ist eine andere Art des Lebens. [...] Und gerade durch dieses Ruhen bekommt die Handlung ihre Frische, ihre Sicherheit, etwas Neues und Schöpferisches." (Guardini)

Kontemplation bedeutet ruhen zu dürfen, sich die Zeit zu nehmen, nicht aktiv zu sein. Ich denke häufig an einen älteren Spanier, der am Nachmittag ein Stündchen auf der Bank vor seinem Haus sitzt. Er sitzt einfach nur da, erfreut sich an seinem Garten und beobachtet die Menschen, die gerade vorübergehen. Er nimmt sich die Zeit und zieht sich in die Stille zurück, um aufzutanken, damit er danach wieder aktiv sein kann.

Uns gestressten Leitern, die all die Last der Verantwortung tragen, fällt es häufig sehr schwer, sich Zeit zu nehmen und zur Ruhe zu kommen. Wenn ich einmal still sitze, drehen sich meine Gedanken gleich wieder um tausend andere Dinge. Ruhig zu werden ist etwas, das wir wieder ganz neu lernen müssen. Ohne Ruhezeiten werden alle meine Aktivitäten wenig Substanz haben, denn dann werde ich nur noch von den Dingen getrieben, anstatt die Dinge konstruktiv zu gestalten.

Einkehr

> **„Zum menschlichen Leben gehört die Handlung, die sich aus dem Inneren nach außen richtet: […] eins mit sich selbst als lebendem Gegenpol des Alls. Dorthin bringt der Mensch, was er draußen erobert hat, […] macht es zu seinem Eigentum, und dann entsteht die Welt des Reichtums, die wir eine Persönlichkeit nennen." (Guardini)**

Wir haben bisher festgestellt, dass sich die Menschen heutzutage immer weniger Zeit nehmen, um sich um ihre Innenwelt zu kümmern und allein mit sich zu sein. Es hat zwar den Anschein, als sei der postmoderne Mensch durch die starke Individualisierung viel mit sich selbst beschäftigt. Es wird auch niemand bestreiten, dass der Mensch heutzutage viel Zeit allein verbringt. Aber dadurch ist er noch lange nicht „bei sich selbst". Er konzentriert sich vielmehr auf andere Dinge, wenn er vor dem Fernseher oder vor dem Computerbildschirm sitzt. Der Mensch ist einsam, ohne bei sich selbst zu sein.

Zur Ruhe zu kommen bedeutet, sich die Zeit zu nehmen, um auf sich selbst zu hören. Es ist eine unglaublich schöne Verheißung, dass Gott sagt: „Ich – Vater, Sohn und Heiliger Geist – will bei dir sein und bei dir wohnen." Wenn Sie also nie bei sich selbst zu Besuch sind, könnte es sein, dass Sie auch nur selten eine Begegnung mit Gott haben, der gern in Ihnen wohnen und Ihnen begegnen möchte. Indem Sie also mit sich selbst ins Gespräch kommen, geben Sie Gott die Möglichkeit, sich in das Gespräch einzuschalten.

Ausgewogenheit

Stille, Ruhe und Einkehr sind drei Formen der Kontemplation, die notwendig sind, um ausgewogen zu leben. Aber es sind auch drei Dinge, die in unserer Zeit zusehends in Vergessenheit geraten. Man muss also etwas dafür tun, um sie zu entdecken und einzuüben. Feste Rituale können dabei sehr hilfreich sein.

Jesus Christus

Jesus war jemand, der mit unglaublich viel Macht umgehen konnte und doch stets eine echte Balance zwischen Aktion und Kontemplation fand. In den ersten 30 Jahren seines Lebens entwickelte er sich zu einem Mann, der wusste, wer er war, woher er kam und wozu er berufen war. Ja, seine Bestimmung kannte er bereits als Zwölfjähriger, als er mit den Priestern im Tempel ins Gespräch kam.

Später, als er erwachsen war, redete er nicht nur zu den Massen, sondern wendete sich auch dem Einzelnen zu. Er schulte sehr engagiert seine Mitarbeiter, hielt zahlreiche Reden, vollbrachte Wunder und heilte viele Menschen. Und trotzdem nahm er sich jeden Tag Zeit, um Stille, Ruhe und Einkehr zu suchen. Er genoss den Sabbat, ohne sich zum Sklaven eines Regelsystems machen zu lassen. Er arbeitete sehr hart, konnte aber auch Feste feiern und sich ausruhen. Aktion und Kontemplation befanden sich bei ihm in einem absolut ausgewogenen Verhältnis.

3. Hilfreiche Rituale

Der Geist will das Neue, das Herz will die Wiederholung. Unser Geist ist neugierig, will die Natur entdecken, frei und kreativ sein. Unser Geist ist fähig, immer wieder neue Dinge miteinander zu kombinieren, neue Informationen aufzunehmen und neue Beziehungen zu knüpfen. Unser Verstand ist gern aktiv. Unser Wille und unsere Wünsche dagegen, die in unserem Herzen wohnen, sehnen sich eher nach einem Zuhause. Unser Herz hat auch die Fähigkeit, treu zu sein.

Ein Zuhause

Ein Zuhause ist ein Ort, an dem alles seinen Platz hat. Ein Haus ist Schalom – ein Ort des Friedens. Das bedeutet: Alle Dinge stehen in einer harmonischen Beziehung zueinander. Zu Hause zu sein bedeutet, Ordnung und Rituale, Sicherheit und Ruhe, Geborgenheit und Wärme zu finden. Es ist der Ort, an dem ich mich selbst annehmen kann, auch wenn ich nichts leiste. Jeder Mensch hat das Bedürfnis nach einem Zuhause. Unser Herz hat das Bedürfnis nach einem Zuhause.

In seinem Buch „Nimm sein Bild in dein Herz" erzählt Henri Nouwen anhand eines großartigen Gemäldes von Rembrandt die Geschichte vom verlorenen Sohn (vgl. Lukas 15). Auf dem Bild ist der Vater zu sehen, der seine Hände auf die Schultern seines zurückgekehrten Sohnes legt. In dreckiger Kleidung kniet der verlorene Sohn vor ihm. Schräg hinter dem Vater steht der ältere Sohn, der zu Hause geblieben war.

Henri Nouwen betont, wie wichtig es ist, nach Hause zu kommen. Anschaulich schildert er, wie Gott zu dem verlorenen Sohn sagt: „Warum machst du es dir so schwer? Komm doch einfach nach Hause." Aber nicht nur der jüngere Sohn war verloren, sondern auch der ältere. Obwohl er stets bei seinem Vater geblieben war, war sein Elternhaus für ihn kein Zuhause. Er fühlte sich an diesem Ort nicht wirklich geborgen und konnte dort den ihm zustehenden Platz nicht einnehmen, weil er völlig andere Erwartungen hatte.

Nouwen macht durch seine Interpretation von Rembrandts Gemälde deutlich, dass wir alle eingeladen sind, nach Hause zu kommen und (auch wenn wir schon das Zuhause gefunden haben) dort auch wirklich *anzukommen* und zu leben. Zugleich dürfen wir auch für andere wie ein Vater sein und ihnen ein Zuhause bieten. Vor allem als Leiter sind wir berufen, anderen eine Heimat zu geben.

Aber natürlich kann man anderen nur dann ein Zuhause geben, wenn man selbst ein Zuhause gefunden hat. Damit sind wir wieder beim Thema „Kontemplation". Bei sich selbst anzukommen ist mit einem ständigen Lernprozess verbunden.

Rituale können uns dabei helfen. Das Ziel von Ritualen ist es, einen Raum zu schaffen, in dem unser Herz zur Ruhe kommen kann. Dieser Raum ist ein Ort, an dem die Dinge wieder geordnet werden und unser Geist sich wieder erneuern kann.

Damit Rituale ihre Wirkung entfalten können, müssen drei Voraussetzungen erfüllt sein:

1. eine feste Zeit,
2. eine feste Form,
3. ein fester Ort.

Rhythmus

Die drei genannten Voraussetzungen machen deutlich, dass es einen Rhythmus geben muss. Warum brauchen wir einen festen Rhythmus? Eine Krankenkasse hat einmal ausführlich untersucht, welchen Einfluss ein gestörter Lebensrhythmus auf unsere Gesundheit hat. Die Studie ergab, dass die meisten Krankheiten u. a. dadurch verursacht werden, dass Menschen keinen gesunden Lebensrhythmus haben. Scheinbar brauchen wir Menschen, brauchen unser Geist, unsere Seele und unser Leib einen geregelten Rhythmus, um gesund leben zu können.

Wir leben normalerweise in einem festen Rhythmus: Tag und Nacht, Arbeits- und Ruhetage, Zeiten des Aktivseins und Zeiten der Entspannung wechseln einander ab. Auch unsere Mahlzeiten nehmen wir nach einem festen Rhythmus ein. Der russische Diktator Stalin hat einmal versucht, den Rhythmus der 7-Tage-Woche zu durchbrechen und stattdessen zehntägige Arbeitsphasen mit je einem Ruhetag dazwischen einzuführen. Das schien damals zunächst eine sehr kluge Idee zu sein, denn man versprach sich davon mehr Effektivität. Es zeigte sich jedoch, dass die Menschen schneller krank, schwach und müde wurden, was zu einer geringeren Produktivität führte.

Eine feste Zeit

Wenn man etwas stets zu einer festen Zeit tut, kann sich daraus eine Gewohnheit entwickeln. Wenn etwas zur Gewohnheit geworden ist, muss man sich nicht jedes Mal neu dazu entschließen. Eine Gewohnheit hilft, ganz nebenbei den nächsten Schritt zu tun. Ich habe beispielsweise die Angewohnheit, einmal am Tag acht Stunden zu schlafen. Ich habe es mir auch zur Gewohnheit gemacht, zwei- bis dreimal am Tag zu essen. Feste Zeiten helfen uns, einen Lebensrhythmus zu finden und diesen auch einzuhalten.

Als wir noch in Deutschland lebten, gingen unsere Kinder zur Grundschule. Bei jedem von ihnen begann der Unterricht zu einer anderen Zeit. Der eine ging morgens um acht Uhr aus dem Haus, der andere um halb neun und der dritte um zehn Uhr. Dann kam der eine um elf Uhr wieder zurück, der andere um zwölf und der dritte um zwei. Das führte zu einem sehr ungeregelten Leben und zu ständiger Unruhe in unserer Familie.

Als wir 1998 nach Holland zogen und unsere Kinder morgens um halb neun in der Schule saßen, um zwölf wieder zurückkamen, um Viertel nach eins wieder zur Schule gingen und um halb vier wieder zu Hause waren, kehrte in unsere Familie plötzlich ein gesunder Rhythmus ein. Weil sehr viele Menschen in unserem Dorf irgendwann zwischen halb sechs und sechs zu Abend essen, wird es nach sechs Uhr auch überall ruhig.

Geregelte Zeiten sind die Grundlage für ein gesundes Leben. Wie können Sie Ihr Leben mit geregelten Zeiten gestalten?

1. Wie beginne ich meinen Tag?

Bleiben Sie doch noch kurz liegen, wenn Sie wach werden. Bewegen Sie Ihre Füße, und denken Sie noch nicht an das, was Sie an diesem Tag erledigen müssen. Danken Sie Gott für den neuen Tag, für das, was Sie sind, und für die vielen Dinge, die Ihnen geschenkt wurden. Wenn Sie dies jeden Tag tun, haben Sie ein Ritual eingeführt. Sie können sich morgens ein wenig Zeit nehmen (beispielsweise eine Viertelstunde), um eine Bibelstelle zu lesen und darüber nachzudenken. Sie können sich aber auch zehn Minuten gönnen, um einfach nur still zu sein. Die Möglichkeiten sind unbegrenzt.

2. Wie bringe ich Ausgewogenheit in meinen Tag?

Es gibt Menschen, die Ihre Arbeit nicht gern unterbrechen. Sie arbeiten am liebsten von früh morgens bis spät abends. Selbst zu Hause arbeiten sie noch, bis sie erschöpft ins Bett fallen.

Ich kann dafür sorgen, dass mein Tag ausgewogen ist, wenn ich zu einem bestimmten Zeitpunkt mit der Arbeit beginne und zu einem bestimmten Zeitpunkt wieder aufhöre. Die Mönche in den benediktinischen Klöstern zum Beispiel haben für alles feste Zeiten eingerichtet: Zeiten zum Beten, Zeiten zum Essen, Zeiten zum Arbeiten und Zeiten zum Schlafen. Wenn um zwölf Uhr mittags die Glocke läutet, lassen alle ihre Arbeit liegen und gehen zum gemeinsamen Gebet. Nach dem Gebet läutet die Glocke wieder, um die Mönche zum Essen zu rufen, und danach wird eine Zeit der Entspannung eingeläutet. Und schließlich läutet die Glocke ein weiteres Mal und die Mönche gehen wieder an ihre Arbeit. Ihr Tag beginnt sehr früh, aber er endet auch sehr früh.

Auf diese Weise kann ein Tag ausgefüllt sein, ohne anstrengend zu werden. Woran liegt das? Dies ist darauf zurückzuführen, dass der Tag strukturiert ist und in den Tagesablauf kleine Pausen, Augenblicke der Kontemplation, eingebaut sind. Manche Menschen machen nach dem Mittagessen einen kleinen Spaziergang. Übrigens ist bereits das Mittagessen eine wichtige Unterbrechung.

William und Catherine Booth, die Begründer der Heilsarmee, waren zwei Menschen, die unglaublich viel und hart gearbeitet haben. Aber ihr ganzes Leben lang hielten sie folgendes Ritual ein: Immer, wenn sie zusammen zu Mittag aßen, blieben sie anschließend noch beieinander sitzen. Dann wurde die Tür verschlossen und die beiden gaben einander die Hand. So saßen sie eine halbe Stunde lang ruhig zusammen und entspannten sich. Unglaublich, wie konsequent, wie festgefügt und wie klar dieses Ritual war. Später schrieb Catherine Booth in ihrer Biografie, dass diese Momente zu den wichtigsten Augenblicken ihres Lebens gehörten.

3. Wie beschließe ich meinen Tag?

Vor einiger Zeit erzählte mir eine Frau, dass sie sehr viele Probleme mit dem Ein- und Durchschlafen habe. Sie hatte schon alles Mögliche ausprobiert: Sie dachte über sich selbst nach, war den vielfältigen Ratschlägen anderer gefolgt, sie hatte gebetet und Bücher gelesen. Nichts half. Bis eine Freundin schließlich sagte: „Warum machst du nicht einen kurzen Spaziergang, bevor du abends zu Bett gehst? Das braucht nur eine halbe Stunde zu sein!“ Die Frau erzählte mir, dass sie diesem Ratschlag aus reiner Verzweiflung gefolgt sei. Und tatsächlich: Als sie anfing, abends vor dem Schlafen eine halbe Stunde spazieren zu gehen, dauerte es nur zwei Wochen, bis sie wieder normal schlafen konnte.

Dieses Beispiel macht deutlich, dass ein Ritual eine große Hilfe ist, will man einen festen Rhythmus entwickeln. Es führt zu Ruhe, Entspannung und Kontemplation – und das ist für eine gesunde Lebensweise notwendig.

Anstatt spazieren zu gehen, kann man vor dem Schlafengehen auch ein paar Seiten in einem Buch lesen, das neben schönen Texten auch Illustrationen enthält, oder sich mit einem Psalm beschäftigen.

Ich habe die Angewohnheit entwickelt, meinen jüngsten Sohn ins Bett zu bringen und ihm dann eine Geschichte aus der „Narnia“-Kinderbuchreihe von C. S. Lewis vorzulesen. Dieses gemeinsame Ritual genießt mein Sohn sehr – und ich ebenfalls. Es hilft uns, gemeinsam zur Ruhe zu kommen und den Tag zu beschließen.

4. Ruhezeiten

Gott hat den Sabbat nicht umsonst eingeführt. Er hat gesagt, dass der Sabbat ein ewiges Zeichen zwischen ihm und seinem Volk ist. Durch das Sabbatgebot gibt Gott uns vor, wie wir leben sollen.

Warum hat Gott den 7-Tage-Rhythmus geschaffen und sich am 7. Tag der Schöpfung ausgeruht? Musste Gott unbedingt eine Ruhepause einlegen? War er müde? Nein, sicherlich nicht. Der Sabbat ist nicht dazu da, um die Müdigkeit zu bekämpfen, sondern um einen Lebensrhythmus einzuführen. Es ist ein Tag, an dem man nicht arbeitet, sondern genießt, sich entspannt und nachdenkt. Eine Gesellschaft, die den Sabbat (oder den Sonntag) abschafft und diesen Tag zu einem normalen Werktag degradiert, setzt langfristig die Gesundheit des ganzen Volkes aufs Spiel.

Wie wäre es darüber hinaus, wenn Sie neben dem wöchentlichen Ruhetag einen Tag im Monat oder im Jahr festlegen, an dem Sie kreativ sind und nachdenken können? Ich zum Beispiel nehme einmal pro Jahr an einer Konferenz teil, auf der ich mich inspirieren lasse und selbst nichts tun muss. Meine Frau Sylvia und ich finden es herrlich, zweimal im Jahr übers Wochenende wegzufahren und einander, die Ruhe und vor allem das Nichtstun zu genießen. Wir pflegen dieses Ritual nun schon seit mehr als 15 Jahren. Und weil wir vergesslich sind, planen wir ein solches Wochenende schon lange im Voraus.

Symbole

Symbole erinnern mich häufig besser und nachhaltiger an wichtige Dinge, als Worte es tun können. Ein solches Symbol kann zum Beispiel eine Kerze sein, die ich anzünde, um zu sagen: „Hier ist Licht“ oder auch: „Hier ist Christus.“ Denn er ist immer gern mit mir zusammen. Dieses Symbol hilft mir, zur Ruhe zu kommen.

Symbole helfen auch dabei, sich zu erinnern. Erinnerung bietet Sicherheit. Verwende ich immer dieselben Symbole, komme ich besser zur Ruhe, als wenn ich mich mit immer neuen Symbolen auseinander setzen muss. Durch seine vertraute Form hilft mir ein Symbol, direkt in die Zeit der Stille hineinzufinden – ohne erst noch lange nachdenken zu müssen. Mein Geist kommt zur Ruhe und stellt sich auf Empfang.

Welche festen Formen und Symbole gibt es? Hier ein paar Beispiele:

Ich lege gern immer dieselbe Art von Musik auf, um mit meiner Zeit der Stille zu beginnen. In den Herrnhuter Brüdergemeinen, die 1727 durch Nikolaus Ludwig Graf von Zinzendorf gegründet wurden, hat sich die Tradition entwickelt, jeden Tag zwei Texte aus der Bibel und dazu die Strophe eines Liedes zu lesen. Die Tatsache, dass die Herrnhuter Losungen bis heute in verschiedenen Sprachen erscheinen, ermöglicht den Menschen überall auf der Welt, ein festes Ritual einzurichten. Dieses Ritual verbindet sie miteinander, führt sie aber auch in eine Zeit der Stille und verleiht ihnen ein Gefühl der Sicherheit und Geborgenheit.

Ich habe bereits die Kerze erwähnt, die man anzünden kann, um sich einen Ort der Ruhe einzurichten. Sie können aber auch ein Kreuz verwenden. Mein Freund und Kollege Albert Hoekstra hat mir einmal ein wunderschönes Steinkreuz aus Armenien geschenkt. Es ist klein, sodass es problemlos auf einem Nachttisch Platz findet und man es auf Reisen mitnehmen kann. Auf diese Weise kann ich, wo immer ich auch bin, meinen Koffer öffnen, das Kreuz herausnehmen, es auf das Nachtschränkchen stellen und habe damit ein Symbol, das mich an zu Hause erinnert.

Ein Gebet wie beispielsweise das Vaterunser kann ebenfalls ein festes Ritual werden. Jesus hat es seine Jünger gelehrt und seit 2.000 Jahren wird es auf die gleiche Weise von Millionen von Menschen gebetet. Es schafft uns einen Raum, um zur Ruhe zu kommen.

Es ist wichtig, dass Ihr Ritual eine feste Struktur hat. Durch die Ruhe, die Sie dabei erleben, werden Sie in der Folge auch in Ihrer Arbeit ausgeglichener sein.

Rituale führen Sie mit Hilfe von Symbolen in die Stille und schaffen einen Raum, in dem Ihr Herz ein Zuhause findet.

Ein fester Ort

Neben geregelten Zeiten und festen Symbolen kann auch ein bestimmter Ort uns dabei helfen, zur Ruhe zu kommen. Dieser Ort wird dann unser Zuhause. Das kann eine Ecke in der Wohnung sein, aber auch ein Baum, unter den Sie sich setzen.

Wie schaffe ich ein Zuhause für mein Herz, sodass ich auch anwesend bin, wenn ich zu Besuch komme?

Ich habe einmal eine Dokumentation über eine Nonne gesehen, die in der Mongolei arbeitete. Weil sie immer unterwegs war, hatte sie kein Zuhause. Aber sie hatte eine kleine Decke. In dieser Decke barg sie ein Kreuz, ihre Bibel und eine Kerze. Wenn sie irgendwo in der Mongolei in einem Zelt übernachtete, rollte sie ihre Decke aus, stellte ihre Kerze und ihr Kreuz auf, legte ihre Bibel davor und schuf sich so ein Zuhause.

Ein fester Ort gibt uns einen Rahmen, um still werden zu können. Im Wohnzimmer unseres Hauses stehen in einer Ecke zwei Sessel und ein kleiner Tisch. In einen der Sessel setze ich mich immer dann, wenn ich zur Ruhe kommen will. Auf dem Tisch steht eine Kerze, die ich anzünden kann, wenn ich möchte. Ich schaue auf mein Bücherregal auf der anderen Seite des Wohnzimmers. Das ist *mein* Ort, an dem ich lese und mich etwas von äußeren Dingen zurückziehe. Manchmal schlafe ich dort sogar etwas.

Gelegentlich gehe ich auch zu einem kleinen See ganz in meiner Nähe. Jeden Sonntag versuche ich, ein wenig Zeit für einen kleinen Spaziergang freizuhalten. Dann gehe ich zu einer kleinen Brücke, die über einen breiten Wassergraben führt. Ich lehne mich an das Brückengeländer und schaue auf das Wasser hinaus. Der Graben endet bei einer Windmühle. Diese ist für mich ein wunderbares Ziel für meine Wanderung, ein Ort, um still zu werden. Während ich nach Hause zurückgehe, tanke ich auf, um mit neuen Kräften in die kommende Woche gehen zu können.

Ein solcher fester Ort kann beispielsweise auch eine Bank in einer Kirche sein, wo Sie in Ruhe sitzen, hören und beten können. An einem Platz, an dem Sie sich bewusst zurückziehen, können Ihr Herz und Ihr Geist zu Ruhe kommen und neue Inspiration empfangen.

Workshop 4.2: Rituale

Nehmen Sie sich jetzt etwas Zeit, um sich mit dem folgenden Workshop zu beschäftigen. Überlegen Sie sich je drei Rituale, die Sie täglich, wöchentlich und jährlich pflegen können und die Ihnen helfen, dass Sie Aktion und Kontemplation immer ausgewogener leben können. Die genannten Beispiele sind natürlich nicht als Vorgaben gedacht, sondern sollen lediglich eine Anregung darstellen.

Workshop 4.2: Rituale

Tägliches Ritual	**Zeit**	**Form**	**Ort**
Beispiel: Stille am Morgen » » »	7:15–7:30 Uhr	» Kerze anzünden » Text lesen » Gebet	Wohnzimmer

Wöchentliches Ritual	**Zeit**	**Form**	**Ort**
Beispiel: Sonntags- spaziergang » » »	eine Stunde, irgendwann zwischen 13 und 18 Uhr	» allein sein » singen » hören	Weg zur Brücke und zurück

Jährliches Ritual	**Zeit**	**Form**	**Ort**
Beispiel: sich in ein Kloster zurückziehen » » »	drei Tage im März	» den Tag im Kloster mitleben » lesen » hören » wandern	Münsterschwarzach

Kapitel 5: Gemeinschaft bauen

Während es im vorigen Kapitel darum ging, wie man lernen kann, in sich selbst ein Zuhause zu finden, steht in diesem Kapitel die Gemeinschaft im Mittelpunkt.

Ein wichtiges Kennzeichen für einen guten Leiter ist seine Fähigkeit, Gemeinschaft zu stiften. Es ist schon eine große Kunst, ein Team zu „bauen", doch noch viel schwieriger ist es, eine Gemeinschaft von Menschen zu schaffen, die nicht nur für kurze Zeit zusammengestellt wurde, um ein Projekt zu erledigen.

Wollen wir überhaupt Gemeinschaft? Gehen wir nicht vielen unnötigen Spannungen aus dem Weg, wenn wir es bei einem relativ unverbindlichen Team belassen?

Es sprechen viele Gründe dafür, sich für den Bau einer Mitarbeitergemeinschaft einzusetzen:

- Gott hat uns Menschen geschaffen, damit wir in Gemeinschaft miteinander leben.
- Der Mensch hat ein tiefes Bedürfnis nach Gemeinschaft.
- Heimatlosigkeit und Entwurzelung sind die Kennzeichen der Gesellschaft im 21. Jahrhundert.
- Organisationen, die langfristig erfolgreich sein wollen, setzen auf Gemeinschaft.
- Auch Leiter brauchen Gemeinschaft, ein Zuhause.

Als meine Frau Sylvia und ich vor 27 Jahren zum Studium nach Deutschland kamen, begannen wir, eine Gemeinschaft aufzubauen. Diese Gemeinschaft wuchs nach und nach zu einem Team von Menschen, die gemeinsam verschiedene Projekte umsetzten, die eine Beziehung mit Gott hatten und vielen anderen Menschen ein Zuhause boten. Seit sieben Jahren sind wir wieder in den Niederlanden und auch hier haben wir ein Trainings- und Consultingteam aufgebaut.

In diesem Kapitel möchte ich Ihnen grundlegende Hinweise zum Thema „Aufbau einer Gemeinschaft" vermitteln und Ihnen im Anschluss daran wieder konkrete Aufträge mit auf den Weg geben, damit Sie dieses „Handwerk" selbst erlernen können.

1. Gemeinschaft – eine Idee Gottes

Auf den ersten Seiten der Bibel offenbart Gott uns eine seiner tiefsten Sehnsüchte. Die Geschichte von der Erschaffung des Menschen gehört zu den ältesten Texten der Menschheit und bringt auch ein Grundbedürfnis des Menschen zum Ausdruck.

In 1. Mose 1, Vers 26 heißt es: „Dann sprach Gott: Nun wollen wir Menschen machen, ein Abbild von uns, das uns ähnlich ist."

Gott spricht in diesem Vers in der Wir-Form von sich, denn in ihm sind drei Personen vereint: Vater, Sohn und Heiliger Geist. Gemeinschaft ist ein Wesenszug Gottes. Darum ist alles, was er erschafft, auch erschaffen, um ebenfalls Gemeinschaft zu erfahren.

Gott sagt auch, dass der Mensch sein „Abbild" ist. Er schuf uns nicht als Individualisten, sondern als Wesen, die ihm ähnlich sind und ein tiefes Verlangen nach Gemeinschaft haben. Im nächsten Vers heißt es: „So schuf Gott die Menschen nach seinem Bild, als Gottes Ebenbild schuf er sie und schuf sie als Mann und Frau. Und Gott segnete die Menschen und sagte zu ihnen: Seid fruchtbar und vermehrt euch!" Gott setzte Mann und Frau – zwei sehr unterschiedliche Wesen, die einander wohl nie ganz begreifen werden – in die Welt und gab ihnen den Auftrag, miteinander Gemeinschaft zu bauen. Sie sollten nicht länger nur unter sich bleiben, sondern sich vermehren, damit die Gemeinschaft wachsen konnte.

Nachdem Gott Adam geschaffen hatte, sagte er: „Es ist nicht gut, dass der Mensch allein bleibt." Der Mensch wurde geschaffen, um anderen ein Gegenüber zu sein, um mit ihnen Gemeinschaft zu bilden. Leben in Gemeinschaft gehört zu einer gesunden Lebensweise.

Nikolaus Ludwig Graf von Zinzendorf

Nikolaus Ludwig Graf von Zinzendorf ist für mich ein großes Vorbild in Sachen „Gemeinschaft bauen". Von ihm stammt der Ausspruch: „Ich stelle fest, es gibt kein Christentum ohne Gemeinschaft." Gemeinschaft ist eine großartige Idee unseres Schöpfers. Gemeinschaft bedeutet, dass wir am Leben des anderen teilhaben und unser Leben wiederum für ihn öffnen. Dies ist nur dann möglich, wenn jeder Einzelne seine eigene Identität gefunden hat. Wahres Leben finden wir deshalb nur, wenn sich die beiden Bereiche Kommunität (Gemeinschaft) und Individualität (ich selbst sein) im Gleichgewicht befinden. Das Zusammenspiel dieser beiden Komponenten gerät dort aus dem Gleichgewicht, wo ich mich von mir selbst entfremde, meine eigene Identität verliere oder mich nur noch um mich selbst drehe. Immer dann, wenn man über eine bestimmte Lebensform einen „-ismus" setzen kann (z. B. Kommunismus, Individualismus), kann dies zu ungesunden Strukturen und Verhaltensweisen führen. Wer ausschließlich Gemeinschaft sucht, der kann schließlich zu ihrem Sklaven werden. Und wer ausschließlich nach Individualität strebt, ist irgendwann in seinem eigenen Ich gefangen. Und jeder weiß, dass Versklavung zur Zerstörung der eigenen Person führt. Die Herausforderung besteht also darin, Gemeinschaft und Individualität in einem ausgewogenen Verhältnis zu entwickeln.

2. Grundlagen eines gesunden Lebensstils

Im vergangenen Jahrhundert bestimmten drei große Psychiater die Entwicklung der Psychologie (Wissenschaft vom menschlichen Verhalten) und der Psychiatrie (Wissenschaft von den Störungen des Geistes): Sigmund Freud, Alfred Adler und Viktor Frankl. Alle drei waren Juden, lebten in Wien und kannten sich sehr gut.

Adler und Frankl lösten sich eines Tages von Freud, weil sie mit dessen Denkweise nicht mehr übereinstimmten. Sie bemühten sich in der Folgezeit darum, herauszufinden, welche Bedingungen erfüllt sein müssen, damit sich junge Menschen gesund entwickeln können. Beide, Adler und Frankl, arbeiteten sehr viel mit Jugendlichen und jungen Erwachsenen, die geistig gestört waren, und versuchten, sie zu begleiten. Sie begannen, nach den Grundelementen der menschlichen Gesundheit zu forschen. Dabei untersuchten sie nicht mehr nur die Krankheitsbilder, sondern vor allem die Voraussetzungen für eine gesunde mentale Entwicklung. Sie fanden schließlich heraus, dass die drei folgenden Dinge dabei eine zentrale Rolle spielen:

1. die eigenen Fähigkeiten,
2. der Ort, an dem man zu Hause ist,
3. der Sinn des eigenen Lebens/die Berufung.

Thema 1: Die eigenen Fähigkeiten

Jeder Mensch hat das Bedürfnis, seine Fähigkeiten und Talente zu entdecken, sie zu entwickeln und zu gebrauchen und – nicht zuletzt – den Einsatz seiner Fähigkeiten auch zu genießen. Wenn jemand damit beginnt, seine Talente zu entdecken, nimmt er den Deckel ab, unter dem seine Schätze verborgen liegen. Wie bei einem Geschenk muss zuerst das Papier entfernt werden, damit man die eigenen Begabungen erkennen, einsetzen und ausbauen kann.

Sie werden innere Kraft und Energie bekommen, wenn Sie Ihre Fähigkeiten entwickeln und trainieren und damit zu dem Menschen werden, als der Sie geschaffen wurden. Es ist wichtig, die eigenen Talente auf eine Weise einzusetzen, dass man selbst und andere einen Nutzen davon haben. Damit legt man die Grundlage für ein ausgeglichenes leben. Menschen, die das nicht tun oder tun können, fehlt eine wichtige Voraussetzung für eine gesunde Lebensweise.

Thema 2: Der Ort, an dem man zu Hause ist

Der Mensch braucht einen festen Ort, an dem er sich entwickeln und sich für andere einsetzen kann. Für die geistige und geistliche Gesundheit ist es sehr wichtig, diesen Ort in einer Gruppe von Menschen zu finden.

In einer Familie wird man manchmal erleben, dass der eigene Platz auch in Frage gestellt werden kann. Kommt ein zweites Kind auf die Welt, fragt sich plötzlich das erste Kind, das bisher seinen festen Platz in der Familie gefunden hatte: „Was ist jetzt meine Rolle? Ich bin nicht mehr *das* Kind. Meine Eltern haben jetzt zwei Kinder, aber ich bin schon der Älteste."

Es gehört zu den Grundbedürfnissen eines jeden Menschen, einen Ort zu haben, an dem er sich zugehörig fühlt. Manche suchen diesen Platz ein Leben lang. Sie haben ihn noch nirgends gefunden: weder in der Familie noch in der Schule, weder in ihrem Unternehmen noch in der Gemeinde. Ein solcher Mensch bleibt ein Suchender. Die Menschen dagegen, die ihren Platz gefunden haben, ihn einnehmen und genießen, erfüllen eine Grundvoraussetzung für eine gesunde Lebensweise.

Thema 3: Der Sinn des Lebens und die eigene Berufung

Für den Sinn des Lebens oder die eigene Berufung gilt dasselbe wie für die Talente und den Ort, an dem man zu Hause ist: Man muss beides entdecken, sie entwickeln, in ihnen leben (sie einsetzen) und sie genießen können. Das gilt sowohl für das Entdecken der „alltäglichen Berufung" als auch für die gesamte Lebensperspektive, die lebenslange Bestimmung.

Der Fernsehjournalist Michiel Gouman stellte dem holländischen Politiker Pim Fortuyn in einem Interview vor einigen Jahren die Frage, was das Wichtigste in seinem Leben sei. Der Politiker antwortete: „Das Wichtigste ist, dass ich heute, da ich gerade 50 geworden bin, entdeckt habe, was der Auftrag meines Lebens ist." Und er fügte hinzu: „Ich habe nicht nur entdeckt, was mein Auftrag ist, sondern ich musste auch feststellen, dass es nicht nur einen Auftrag, sondern auch einen Auftraggeber gibt. Man könnte auch sagen: Gott existiert wirklich. Ich will damit nicht sagen, dass ich eine Beziehung zu Gott habe, aber dass ich doch anerkennen muss, dass es Gott gibt."

In der heutigen Zeit haben immer mehr Menschen das Bedürfnis, ihren ganz persönlichen Auftrag zu entdecken. Sie wollen wissen, was der Sinn eines jeden einzelnen Tages ist.

Eine intakte Gemeinschaft bietet allen ihren Gliedern die Möglichkeit und den Raum, ihre Talente, ihren Platz und den Sinn ihres Lebens zu entdecken und sich zu entwickeln. Dies gilt auch in einer Familie. Alle Familienmitglieder wollen ihre Talente entdecken, ein Zuhause finden und entdecken, was ihr Lebensauftrag ist. Dies gilt auch für einen Hauskreis, eine Jugendgruppe, ein Unternehmen, eine Gemeinde oder eine Organisation. In dem Maße, in dem ein Mitglied der Gemeinschaft seine Talente entfaltet, seinen Platz sowie den Sinn seines Leben findet, wird es sich auch mit der Gemeinschaft identifizieren können.

Workshop 5.1: Gemeinschaft bauen

Führung bedeutet u. a., eine Gemeinschaft aufzubauen und den Menschen einen Rahmen zu bieten, in dem sie sich weiterentwickeln können. Die folgende Übung soll Ihnen dabei helfen, sich näher damit zu beschäftigen, wie Ihre Gemeinschaft derzeit aussieht. Betrachten Sie dieses Thema nicht nur aus Ihrer Perspektive, sondern bitten Sie auch zwei oder drei andere Mitglieder Ihrer Gruppe um ihre Rückmeldung (Spalten 3 und 4).

Workshop 5.1: Gemeinschaft bauen

	Ich selbst		
Welche Talente kann ich einsetzen und entwickeln?			
Wo ist mein persönlicher Platz und was wird dort von mir erwartet?			
An welchen Punkten deckt sich meine Vision mit der der Gruppe? Wie kann ich innerhalb der Gruppe meine eigene Vision verfolgen?			
Zusammenfassend: Wie stark identifiziere ich mich mit meiner Gruppe? (Geben Sie eine Prozentzahl an.)			

3. Drei Grundformen von Gemeinschaft

Man kann drei Grundformen von Gemeinschaft unterscheiden, die aus einer Gruppe erst eine echte Gemeinschaft machen. Sie spiegeln zugleich die drei Grundbedürfnisse des Menschen wider.

Schon Paulus hat die Gemeinschaft in seinem Brief an die Epheser verglichen mit:

- einem *Tempel*, in dem wir zusammen Gott anbeten – ein Ort, an dem wir bei Gott sein können,
- einem *Zuhause,* wo man sich gegenseitig unterstützt und das Zusammenleben genießt,
- einer *Armee,* in der man zusammenhält und zusammen neue Dinge anpackt.

Auch Benedikt von Nursia (ca. 480–547 n. Chr.) befasste sich mit den Aufgaben einer Gemeinschaft und den Kompetenzen eines Leiters:

- der Fähigkeit, ein *Paradies* zu schaffen (Spirituelle Kompetenz),
- der Fähigkeit, ein *Zuhause* zu schaffen (Sozialkompetenz),
- der Fähigkeit, eine *Armee* aufzubauen (Fachkompetenz).

Nikolaus Ludwig Graf von Zinzendorf inspirierte 1730 Tausende von Männern und Frauen, überall auf der Welt Gemeinschaften zu bauen, in denen man:

- auf neue und kreative Weise Gott anbetet („Paradies"),
- füreinander sorgt und das Leben auf kreative Weise miteinander feiert („Zuhause"),
- sich gemeinsam dafür einsetzt, dass sich die Menschen an vielen Orten entfalten können („Armee").

Schließlich erkannten auch Adler und Frankl 1935 die drei Grundbedürfnisse des Menschen:

- den Sinn des Lebens finden („Paradies"),
- ein Zuhause haben,
- die eigenen Fähigkeiten entfalten („Armee", in der man gemeinsam seine Talente gebraucht).

Auch der postmoderne Mensch hat diese Grundbedürfnisse und ist auf der Suche nach einem *Paradies* (wo er gemeinsam mit anderen etwas oder jemanden anbeten kann), einem *Zuhause* (in dem er nicht länger alleine ist) und einer *Armee* (in der er gemeinsam mit anderen den Sinn des Lebens entdecken kann).

Als Leiter sind Sie berufen, eine Gemeinschaft zu bauen, in der alle drei Grundbedürfnisse befriedigt werden können. Natürlich gibt es unterschiedliche Führungsstile und jeder Leiter hat seine eigenen Vorlieben. Das ist auch der Grund dafür, warum eine Gemeinschaft auf eine bestimmte Weise geformt wird. Ist zum Beispiel Geld der wichtigste Antriebsfaktor, wird in dieser Gemeinschaft auch das Geld angebetet werden (das Geld wird zum Gott). Wenn einer Gruppe diese Haltung zu Grunde liegt, wird der Wert eines Mitarbeiters in erster Linie darüber definiert, wie viel Geld er verdient beziehungsweise einbringt (Wertschätzung auf Grund der erbrachten Leistung). Daraus ergibt sich, dass die Vision der Gemeinschaft sehr eng mit dem Geld verknüpft ist (Ziel: so viel Geld zu erwirtschaften und zu verdienen, wie möglich).

Ein Paradies schaffen

Wie wollen Sie Ihre Gruppe (Firma, Organisation) gestalten? Wie können Sie aus der Gemeinschaft ein „Paradies" schaffen? Zunächst einmal müssen Sie Ihren Mitarbeitern ein inspirierendes „Mission-Statement" geben. Ein Mission-Statement definiert die Gruppe oder Organisation nach außen hin und beantwortet die Frage: Was ist ihr Auftrag für die Gesellschaft?

Ein Paradies ist nur dann ein wahres Paradies, wenn Menschen wirklich Gemeinschaft miteinander haben. In einer Gemeinde ist das relativ einfach, weil man sich dort jeden Sonntag trifft und so als Gruppe gemeinsam wachsen kann. Für ein Unternehmen ist dies schon schwieriger. Aber es wäre vorstellbar, dass man zwei- bis dreimal pro Jahr ein Treffen veranstaltet, bei dem alle Mitarbeiter neu motiviert und dazu angeregt werden, sich den Auftrag der Organisation zu Eigen zu machen. Nehmen Sie sich Zeit, um Ihren Mitarbeitern zu erklären, welche Bedeutung sie für die Gesellschaft haben. Und sorgen Sie auch dafür, dass Außenstehende dies weitererzählen. Nutzen Sie ein solches Treffen, um gemeinsam zu überlegen, für welche Ziele Sie sich zukünftig einsetzen wollen. Das Singen eines „Firmenliedes" oder das Vorlesen aus einem inspirierenden Buch kann dabei sehr hilfreich sein.

Ein Zuhause schaffen

Wie kann man ein Zuhause schaffen? Am besten, indem man dafür sorgt, dass es in der Gruppe so viele „Tortenmenschen" wie möglich gibt. „Tortenmenschen" sind das Gegenteil von „Keksmenschen".

„Keksmenschen" sind ständig darum bemüht, dass jeder genau einen Keks bekommt – nicht mehr und nicht weniger. „Keksmenschen" werden von Neid und dem Zwang getrieben, alles kontrollieren zu müssen. Besteht Ihre Gemeinschaft hauptsächlich aus „Keksmenschen"? Dann wird es schwer sein, einen Ort zu schaffen, an dem sich Menschen sicher fühlen können – und nicht ständig das Gefühl haben, misstrauisch beäugt und beurteilt zu werden.

„Tortenmenschen“ sind ganz anders. Ein „Tortenmensch“ sagt zum Beispiel: „Nimm doch noch ein Stückchen Torte. Oder auch zwei, wenn du magst.“ Ein solcher Mensch ist freigebig und gastfreundlich. Je mehr „Tortenmenschen“ es in Ihrem Team gibt, desto besser werden Sie für jeden Einzelnen ein Zuhause schaffen können und desto sicherer werden sich Menschen in Ihrer Gruppe fühlen. Ein Zuhause ist ein Ort, an dem der Einzelne akzeptiert und respektiert wird und Wertschätzung empfängt. An einem solchen Ort ist man auch dann ein wertvoller Mensch, wenn man nichts Besonderes geleistet hat.

Wer gibt innerhalb einer Gruppe an, welche Gestalt das gemeinsame Zuhause annehmen soll? Ich denke, dass dies der Leiter ist. Schauen Sie sich verschiedene Personen in der Bibel an. An sehr vielen Stellen wird deutlich, dass eine Führungspersönlichkeit gastfreundlich sein und den Menschen einen Raum bieten sollte, an dem sie sich angenommen fühlen können. Ein Leiter, der Gastfreundschaft übt und anderen ein Zuhause schafft, trägt Wesenszüge Gottes in sich, denn es ist ein Grundanliegen unseres Schöpfers, uns ein Zuhause zu geben.

Wie können Sie nun dafür sorgen, dass sich in Ihrer Gemeinschaft ein Gefühl von Heimat ausbreiten kann? Feiern Sie doch mit Ihren Mitarbeitern einmal ein kleines Fest, wenn ein Projekt erfolgreich zum Abschluss gebracht oder ein bestimmtes Ziel erreicht wurde. Oder unternehmen Sie gemeinsam etwas, damit sich alle untereinander noch besser kennen lernen können. Das Gefühl, zusammenzugehören und ein Zuhause zu haben, entwickelt sich besonders dann recht schnell, wenn man gemeinsam auf Reisen ist. Dies ist auch der Grund, warum immer mehr Pilger auf dem „Jakobsweg“ gemeinsam quer durch Europa wandern. Sie genießen es, mit anderen ein oder zwei Wochen lang unterwegs zu sein. Auch für ein Unternehmen ist es lohnenswert, sich von Zeit zu Zeit gemeinsam auf den Weg zu machen.

Weiterhin könnten Sie Ihre Mitarbeiter einmal zu sich nach Hause einladen. In unserem *xpand*-Team ist dies schon zu einer Tradition geworden. Im Sommer laden meine Frau und ich alle Mitarbeiter mit ihren Familien zu einem großen Grillfest in unseren Garten ein. Natürlich könnte man ein gemeinsames Essen in einem Restaurant viel professioneller gestalten. Aber uns geht es nicht um Professionalität, sondern um Gastfreundschaft – darum, dass ich als Teamleiter mein Haus öffne. Damit mache ich den anderen deutlich, dass es mir sehr wichtig ist, dass unser Team für jeden ein Zuhause wird.

Die gemeinsame Weihnachtsfeier, zu der jeder Mitarbeiter über einen Kollegen eine kleine Rede hält, habe ich bereits an anderer Stelle erwähnt. Dadurch, dass der Wert eines Menschen einmal vor allen ausgesprochen wird, verändert sich die Atmosphäre im Team nachhaltig.

Eine „Armee" bauen

Wie kann man aus einer Gemeinschaft eine „Armee" formen? Eine Armee trainiert beständig, um ihr Leistungsvermögen zu erhöhen. Ein „Paradies" und ein „Zuhause" kommen vielleicht ohne Strukturen aus, nicht aber eine Armee. Jeder möchte wissen, wo sein Platz ist und was von ihm erwartet wird. Klare Strukturen sind die Grundlage einer starken, schlagkräftigen Armee, die sowohl eine Vision als auch eine Strategie und einen Aktionsplan benötigt. In einer Armee muss jeder sein Bestes geben. Daher sollte jedes Mitglied des Teams die Möglichkeit erhalten, seine Fähigkeiten weiterzuentwickeln, und das Gefühl bekommen, einen wichtigen Beitrag zur Verwirklichung der gemeinsamen Vision zu leisten.

Workshop 5.2: Paradies, Zuhause und Armee in Ihrer Organisation

Denken Sie nun einmal über Ihre Gruppe, Firma oder Organisation nach, und überlegen Sie, an welchen Stellen diese schon zu einem Paradies, einem Zuhause und einer Armee geworden ist. Wie könnten Sie diese drei Charakteristika einer echten Gemeinschaft in Ihrem Team weiterentwickeln? Welche Rituale könnten dabei helfen, dass diese drei Formen in einem ausgewogenen Verhältnis zueinander wachsen können?

Workshop 5.2: Paradies, Zuhause und Armee in Ihrer Organisation

	Was tun wir bereits?	**Ideen zur Weiterentwicklung**	**Rituale, die dieses Charakteristikum ausbauen können**
Paradies	» » »	» » »	» » »
Zuhause	» » »	» » »	» » »
Armee	» » »	» » »	» » »

4. Phasen des Wachstumsprozesses und Bewältigung von Krisen

In den vergangenen 30 Jahren habe ich in verschiedenen Ländern Erfahrungen als Teamleiter gesammelt. Vor allem zu Beginn reizte es mich sehr, zusammen mit anderen eine Vision umzusetzen, Aufträge auszuführen und dabei miteinander auch noch Spaß zu haben. Ich habe viele Teams von Anfang an mit aufgebaut und dabei die Dynamik der Pionierphase miterlebt: Man arbeitet zusammen und ist sehr motiviert. Jeder weiß, wohin er gehört, und jeder kennt jeden. Man genießt die Gemeinschaft und freut sich über die gemeinsam erreichten Ziele.

Irgendwann kam dann der Zeitpunkt, an dem der Umgang miteinander schwieriger wurde. Zunächst gab es kleinere, später auch größere Krisen. Das bereitete mir manchmal viele schlaflose Nächte. Ich ärgerte mich über mich selbst und über die anderen und bekam sogar psychische Probleme.

Warum kriselte es plötzlich in unserem Team? Dabei hatte sich doch jedes Mitglied der Gruppe engagiert! Im Laufe der Jahre wurde uns klar, dass nicht die Gründung eines Teams schwierig ist, sondern das Bemühen, das Team in eine dauerhafte Gemeinschaft (beispielsweise eine Non-Profit-Organisation) zu verwandeln.

Um das Verhalten eines Individuums innerhalb einer Gemeinschaft zu verstehen, muss man sich bewusst machen, dass sowohl der Einzelne als auch die gesamte Gruppe (Organisation, Gemeinschaft) einen Wachstumsprozess erleben.

Der Wachstumsprozess beim Menschen (nach Romano Guardini)

Die verschiedenen Lebensphasen und Krisen, die ein Mensch – von der Geburt bis ins Alter und über den Tod hinaus bis in die Ewigkeit – durchlebt, habe ich in meinem Buch „Kreative Lebensplanung“ anhand eines Modells beschrieben. Auch Guardini hat sich mit den Lebensphasen des Menschen auseinander gesetzt und deutlich gemacht, dass ein Mensch in jeder Phase irgendwann in eine Krise gerät und dann in die nächste Phase übergeht. Zu einer Krise kommt es beispielsweise durch körperliche und soziale Veränderungen sowie emotionale Herausforderungen (siehe die Darstellung auf den Seiten 120–121).

Die verschiedenen Prozesse, die ein Mensch durchlebt, spielen natürlich auch für die Entwicklung des gesamten Teams eine große Rolle. Ein Mitarbeiter, der 61 ist, steht vor ganz anderen Herausforderungen als sein 28-jähriger Kollege. Und doch sollen beide ihren Teil dazu beitragen, dass das Team zu einer gesunden und produktiven Gemeinschaft heranwächst. Eine Voraussetzung dafür ist, dass jeder für die Lebenssituation seines Kollegen Verständnis aufbringt und den anderen respektiert – sodass alle voneinander lernen können.

Lebensphasen und -krisen (Romano Guardini)

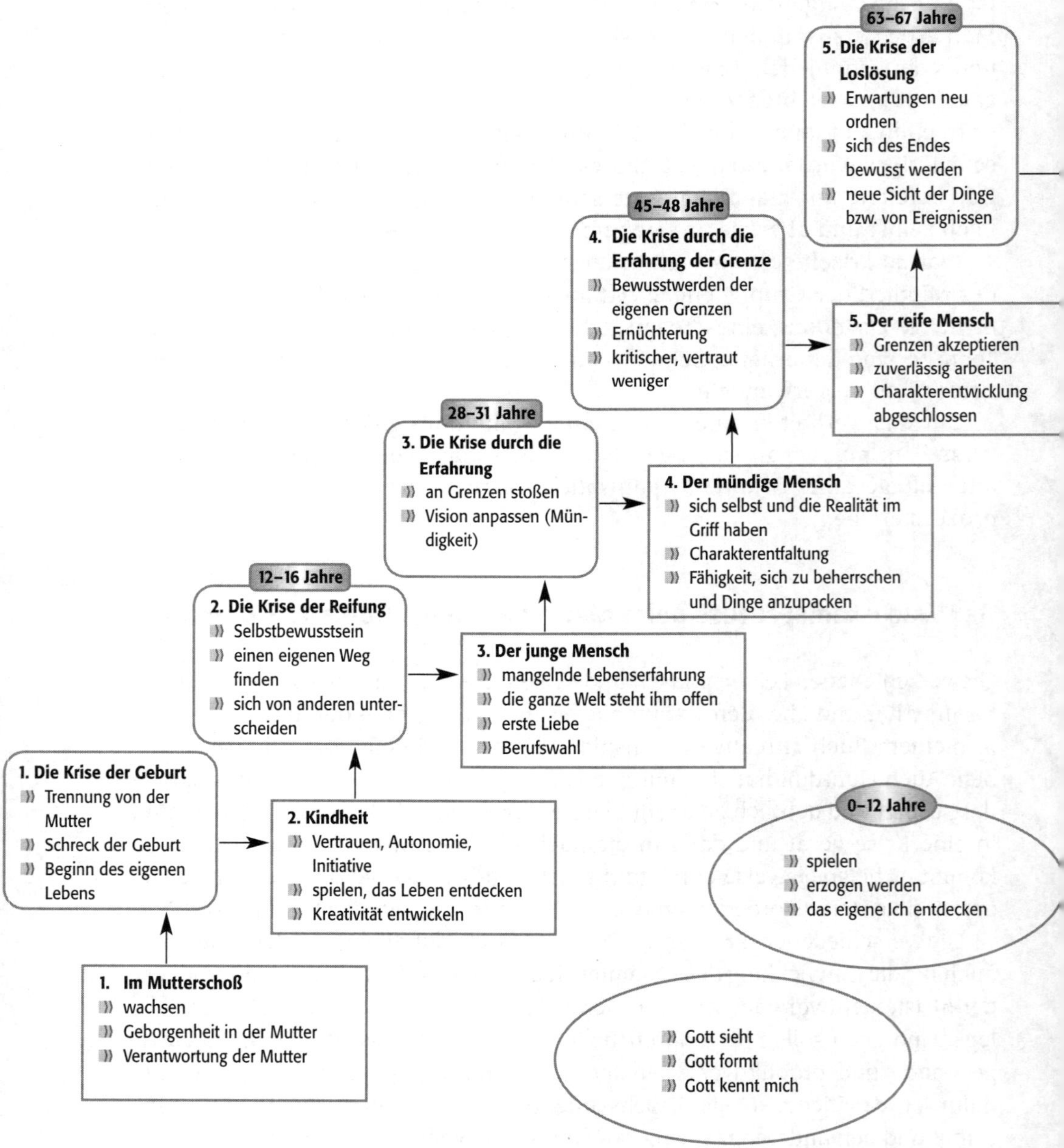

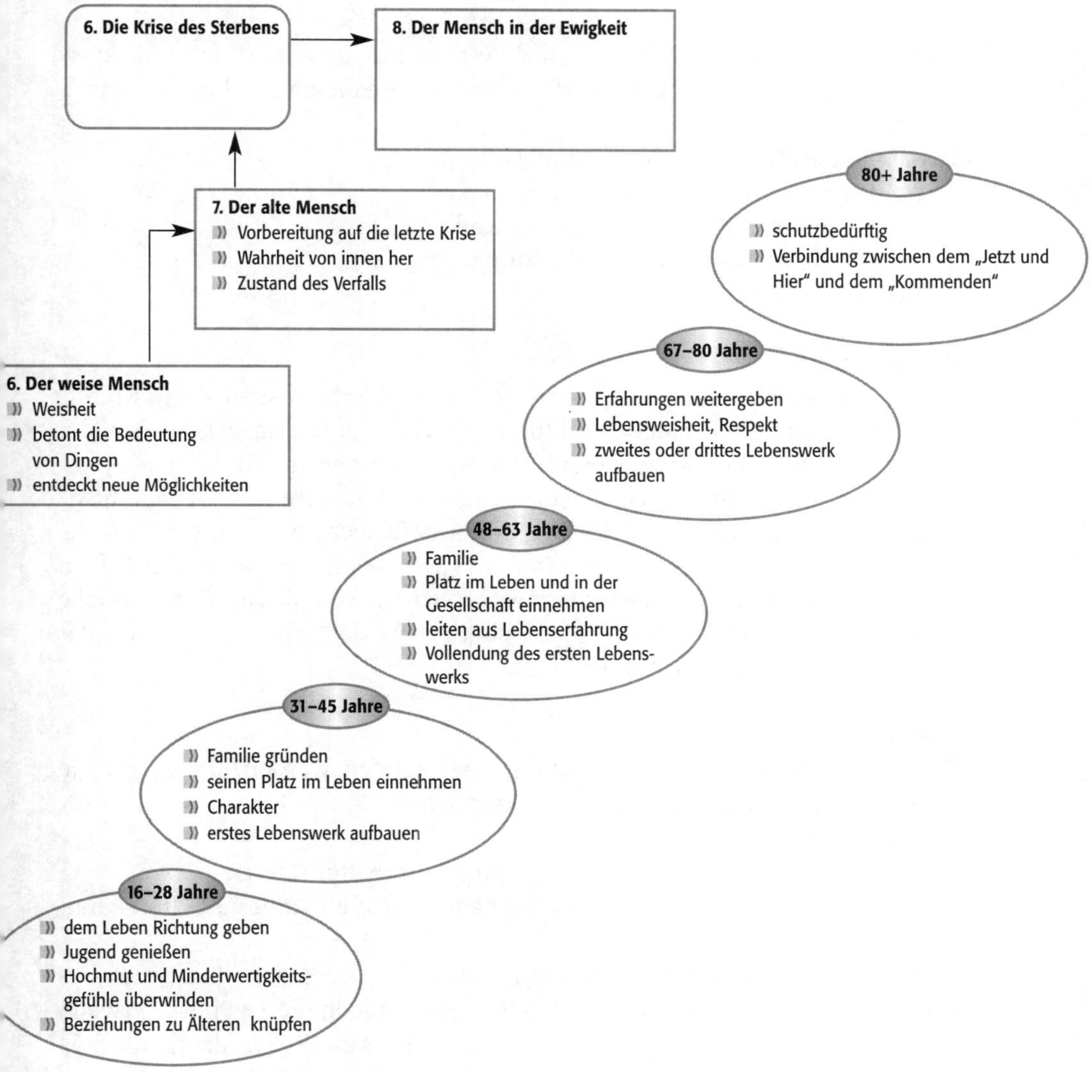
6. Die Krise des Sterbens
8. Der Mensch in der Ewigkeit
7. Der alte Mensch
Vorbereitung auf die letzte Krise
Wahrheit von innen her
Zustand des Verfalls
6. Der weise Mensch
Weisheit
betont die Bedeutung von Dingen
entdeckt neue Möglichkeiten
80+ Jahre
schutzbedürftig
Verbindung zwischen dem „Jetzt und Hier“ und dem „Kommenden“
67–80 Jahre
Erfahrungen weitergeben
Lebensweisheit, Respekt
zweites oder drittes Lebenswerk aufbauen
48–63 Jahre
Familie
Platz im Leben und in der Gesellschaft einnehmen
leiten aus Lebenserfahrung
Vollendung des ersten Lebenswerks
31–45 Jahre
Familie gründen
seinen Platz im Leben einnehmen
Charakter
erstes Lebenswerk aufbauen
16–28 Jahre
dem Leben Richtung geben
Jugend genießen
Hochmut und Minderwertigkeitsgefühle überwinden
Beziehungen zu Älteren knüpfen

Der Wachstumsprozess in Organisationen (nach Larry Greiner)

Larry Greiner, Absolvent der *Harvard Business School*, entdeckte 1980, dass jedes Unternehmen fünf verschiedene Phasen und die dazugehörigen Krisen durchlebt:

1. die Pionierphase und die Führungskrise,
2. die direktive Phase und die Autonomiekrise,
3. die delegierende Phase und die Kontrollkrise,
4. die Koordinationsphase und die Bürokratiekrise,
5. die kooperative Phase.

Pionierphase

Am Anfang stehen eine gemeinsame Vision, viel Enthusiasmus und Kreativität sowie eher informelle Strukturen. In der Pionierphase fällt es nicht schwer, Menschen für eine gemeinsame Sache zu begeistern.

In dieser Phase entwickelt sich eine Organisation recht schnell weiter, sodass die wenigen vorhandenen Strukturen bald nicht mehr ausreichen. Es kommt zu einer ersten Krise, der *Autoritätskrise*. Menschen werden plötzlich unsicher, es kommt zu zwischenmenschlichen Konflikten. Das schnelle Wachstum des Unternehmens führt dazu, dass der Leiter der Anzahl der Mitarbeiter nicht mehr gewachsen ist.

Direktive Phase

Die Führungskrise kann nur dadurch überwunden werden, dass man die nächste Wachstumsphase durchlebt, das heißt:

- Strukturen einführt,
- Schritt für Schritt Verantwortung an die Mitarbeiter überträgt,
- gemeinsam überlegt, wie die Organisation noch effektiver arbeiten kann.

Dadurch wird sich die Produktqualität erhöhen und jeder Mitarbeiter bekommt mehr Sicherheit. Wenn man jedoch zu lange in dieser Phase verweilt, wird in der Folge alles so rigide strukturiert, dass Mitarbeiter, die gern selbst etwas aufbauen würden, mehr oder weniger „ersticken". Es kommt zur *Autonomiekrise*. Die Mitarbeiter haben den Eindruck, in eine Zwangsjacke gesteckt worden zu sein. Es wird zu viel geregelt. Die kreativen Menschen machen sich aus dem Staub. Manchmal bleiben dann nur noch die „Ja-Sager" zurück.

Delegationsphase

Um diese Situation zu überwinden, muss ein Leiter nicht nur Verantwortung, sondern auch Autorität an seine Mitarbeiter übertragen und es ihnen ermöglichen, eine eigene Abteilung innerhalb der Organisation aufzubauen. Kennzeichen dieser Phase sind Freiheit, neue Kreativität, Dezentralisierung und die Entdeckung und Erschließung von neuen Märkten. Die Organisation kann wieder wachsen, weil sich verschiedene Teams bilden, die sich in unterschiedliche Richtungen entwickeln.

Wenn diese Phase zu lange anhält, kommt es auch hier am Ende zu einer Krise, in diesem Fall zu einer *Kontrollkrise*. Die Organisation wächst nicht mehr weiter, weil überall „Inseln“ oder „Königreiche“ entstanden sind. Die Abteilungen sind so selbstständig geworden, dass sie in erster Linie an sich selbst denken und erst danach an die gesamte Organisation. Es kommt zu Beziehungskonflikten innerhalb der Abteilungen, zwischen den einzelnen Abteilungen sowie zwischen den Abteilungen und der Gesamtleitung. Und vor allem wächst das Misstrauen.

Koordinationsphase

Diese Krise sollte durch die *Koordinationsphase* bewältigt werden. So wie die direktive Phase nach der Pionierphase eine Struktur schafft, so ist auch die Koordinationsphase eine Phase, in der neue Strukturen entwickelt werden.

Zweifellos stößt das Wachstum einer Organisation bzw. eines Unternehmens irgendwann an seine Grenzen. In diesem Fall muss man eine neue Perspektive für das Team schaffen und Strukturen verändern. Dieser Prozess wird als Krise erlebt, führt aber dazu, dass die Organisation danach wieder weiter wachsen kann. Das folgende Schema gibt Ihnen einen Überblick über die unterschiedlichen Phasen und Krisen eines Unternehmens.

Die gesunde Entwicklung eines Unternehmens (nach Greiner)

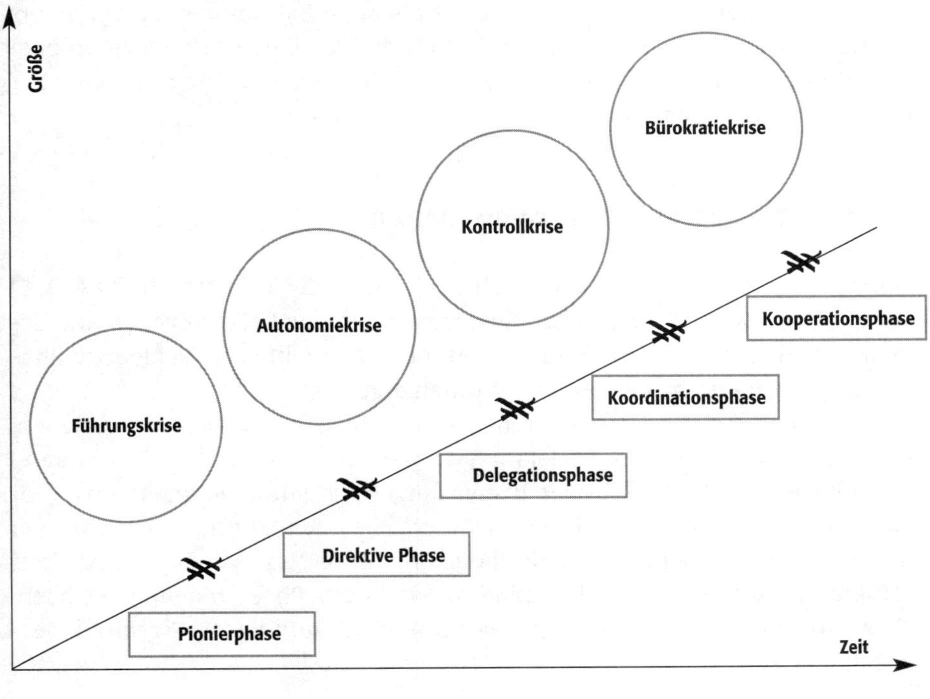

In der Natur gibt es sehr schöne Beispiele für Wachstum und Krisen, zum Beispiel die Jahreszeiten. Im Frühling und Sommer grünt und blüht alles – es gibt ein enormes Wachstum. Im Herbst, wenn die Welt kahl und kalt wird, sieht es so aus, als ob alles wieder abstürbe. Alles Wachsen, alles Blühen im Sommer scheint sinnlos gewesen zu sein. Danach kommt der Winter, so wie der Tod unweigerlich dem Leben folgt. Aber wie wunderbar ist es, wenn im nächsten Frühjahr aus all den scheinbar toten Bäumen und Pflanzen auf einmal wieder neues Leben sprießt.

Schauen Sie sich einmal einen Baum an. Auch er befindet sich ständig in einem Wachstumsprozess, der gekennzeichnet ist durch Früchtetragen, Blätterabwerfen, neues Wachstum, erneutes Fruchtbringen und Blätterabwerfen. Das ist das, was wir von außen beobachten können. Aber auch in ihm vollzieht sich Veränderung. Wenn man einen Baum fällt, kann man auf der Schnittfläche die Jahresringe zählen. Helle Ringe wechseln sich mit dunklen ab. Diese Ringstruktur verleiht einem Baumstamm Standfestigkeit und Stabilität und gibt ihm gleichzeitig die Fähigkeit, sich zu biegen.

Die Standfestigkeit wird durch die dunklen Ringe ermöglicht, die Biegsamkeit durch die hellen. Die dunklen Ringe sind im Winter entstanden, in einer Phase also, in der der Baum kaum wuchs. Doch in dieser Zeit entwickelte sich seine Standfestigkeit. Im Frühjahr und Sommer, als der Baum schneller wuchs und deshalb auch mehr Flexibilität nötig war, entstanden die hellen Ringe.

In der Natur wechseln sich Wachstumsphasen und Wachstumskrisen ab, um den Pflanzen sowohl Standfestigkeit als auch Biegsamkeit zu verleihen. Beides ist für eine gesunde Struktur notwendig. Auch eine Organisation oder eine Gemeinschaft muss diese Phasen und Krisen durchleben, um eine gesunde Struktur zu entwickeln.

Wachstumsprozesse in Gemeinschaften

Guardini beschreibt in seinem Buch „Vom Sinn der Gemeinschaft“ (1955) sehr brillant, wie sich Menschen zusammen auf eine Reise begeben, um gemeinsam eine Gemeinschaft zu formen. Auch hier gibt es verschiedene Phasen des Wachstums, die von Krisen durchzogen sind.

Das Wort „Krise“ wird im Chinesischen mit zwei Zeichen beschrieben. Das erste Zeichen bedeutet „Gefahr“, das zweite „Chance“. Die Gefahr kann darin bestehen, dass alles, was bisher aufgebaut wurde, verblasst oder sogar in sich zusammenfällt. Die Chance eröffnet sich uns insofern, dass wir die Möglichkeit haben, in der Krise neue Erkenntnisse zu gewinnen und neue Strukturen zu formen – und dadurch in eine neue Phase hineinzuwachsen. Diese Wechselbeziehung wird auf der Übersicht auf Seite 137 grafisch veranschaulicht.

Phase 1: Miteinander arbeiten und leben

„[Das bedeutet doch] wohl dieses: dass der Mensch kein Eingesperrter sei im zugemauerten Selbst, sondern dass da Tore offen stehen, und Wege führen vom einen zum anderen." (Romano Guardini: „Vom Sinn der Gemeinschaft". Mainz: Matthias-Grünewald-Verlag. 4. Auflage 1961, S. 10 f.)

In der ersten Wachstumsphase einer Gemeinschaft erfährt der Einzelne, wie er sein Schneckenhaus verlassen kann, um die anderen zu entdecken, und wie er vertrauensvoll mit seinen Mitmenschen umgehen kann. Voraussetzung dafür ist natürlich, dass man bereit ist, seine Türen zu öffnen – und dass man willens ist, nicht nur über das „Wir" zu reden, sondern auch in diesem „Wir" zu leben. In dieser Phase werden gemeinsam Ziele entwickelt und umgesetzt. Man arbeitet auf der Grundlage gemeinsamer Werte. Träume entstehen, es werden Visionen entwickelt und dazu Strategien konzipiert. Die Anfangsphase ist eine Zeit, in der man sich ganz selbstverständlich unterstützt. Der Leiter ist sehr offen und geht in dem noch kleinen Team beinahe auf.

Als wir 1978 – meine Frau und ich waren Studenten und gerade frisch verheiratet – in Dortmund eine Wohngemeinschaft gründeten, verlief alles so, wie es für den Beginn einer Gemeinschaftsgründung typisch ist.

Zuerst machten wir uns in der Nähe des Hauptbahnhofs auf die Suche nach einer Wohnung. Schließlich fanden wir in der fünften Etage eines alten Jugendstilhauses eine geeignete Unterkunft, in der genügend Platz für fünf Personen war. Der Vormieter hatte einen Schäferhund, der fast die ganze Zeit in der Wohnung eingeschlossen gewesen war und nur am Wochenende herausgedurft hatte. Sie können sich sicher vorstellen, wie die Wohnung aussah. Die Räume befanden sich wirklich in einem fürchterlichen Zustand und die Zimmerwände waren bis zu einer Höhe von 50 Zentimetern mit einer gelb melierten Schicht bedeckt. Dennoch sahen wir in dieser Wohnung vom ersten Moment an Chancen und Möglichkeiten.

So begannen wir mit einer gründlichen Renovierung, mit der wir als Team drei Monate zubrachten. Neben unserem Studium arbeiteten wir fast rund um die Uhr, um die Wohnung wieder herzurichten. Ich kann mich noch genau daran erinnern, wie wir abends, weil wir nur wenig Geld hatten, bei „Aldi" noch schnell ein Brot holten und die Schnitten nur mit Margarine und Salz aßen. Vor dem Hintergrund dessen, was wir an dem Tag geleistet hatten, fanden wir die karge Kost beinahe lecker. Es war eine tolle Zeit. Jeder war sehr motiviert. Es war die typische Startphase einer Gemeinschaft: Man tut alles zusammen, man „besitzt" alles zusammen.

Krise 1: Unterschiede und Spannungen

„[Ich dachte:] Alle Türen müssen offen stehen. Gemeinsam müssen sein die Überzeugungen; gemeinsam Werte und Ziele. Die Arbeit muss Kameradschaft sein; die Freude ein Schenken und Empfangen; das Helfen Selbstverständlichkeit. [... Aber ich entdecke:] Türen müssen offen stehen, aber auch geschlossen werden. Schenken wird unmöglich, wenn nicht auch ein Behalten da ist. Mitteilen kann nur, wenn es auch Unmitteilbares gibt. Teilnehmen und Teilgeben setzt Besonnenheit voraus, Unterscheidung." (A. a. O., S. 25 f.)

Der Mensch ist dazu berufen, ein Individuum zu sein, ein Zuhause bei sich selbst zu haben *und* Teil einer Gemeinschaft zu werden. Wenn aber ein Mensch völlig in der Gemeinschaft aufgeht, hat er keinen Raum mehr, sich selbst weiterzuentwickeln. Es kommt zu einer Krise.

Zu einer ersten Krise kommt es in einer neu gegründeten Gemeinschaft dann, wenn ...

- ... Menschen auf Grund der Erwartungen anderer nicht mehr sie selbst sein können oder dürfen.
- ... durch Unterschiedlichkeit Spannungen entstehen. Spannungen kommen da auf, wo sich Menschen in ihrer Einzigartigkeit und Unterschiedlichkeit gegenseitig nicht verstehen können. Spannung ist aber nicht nur etwas Negatives, sondern geradezu nötig, um das Leben bewältigen zu können. Wenn sich in meinem Körper keine Spannung mehr befindet, dann bin ich tot. Spannung ist die Voraussetzung zum Leben. Manche Menschen hätten gern eine spannungsfreie Beziehung. Doch in einer solchen Beziehung ist kein Leben mehr. (Natürlich können Spannungen auch Missverständnisse, Unverständnis und sogar Misstrauen zur Folge haben.)
- ... Menschen über die Grenzen des anderen hinweggehen und unausgesprochene Erwartungen an den anderen haben – was zwangsläufig zu Enttäuschungen führt.

„Im Allerinnersten aber – ob es da überhaupt eine Möglichkeit der Teilnahme gibt? Dort, wo ich zu mir stehe, mich erkenne? Das Unaufhebbare des ‚so bin ich', ‚dieser bin ich', ‚das ist mir zugewiesen', erkenne, anerkenne und mein Selbst und mein Schicksal auf mich nehme? Dort, wo ich in sittlicher Entscheidung die Verantwortung übernehme für mein Tun und mein Sein? Ist da nicht wesenhaft Einsamkeit um das her, das ich mit mir selbst bin?" (A. a. O., S. 23)

Eine Krise fordert mich heraus, aufs Neue zu entdecken, wer ich bin. Sie fordert mich heraus, mich selbst anzunehmen, um dadurch fähig zu werden, Gemeinschaft zu bauen.

Als wir 1988 in Deutschland unsere Arbeit als *Power Management Team* (heute *xpand*) ins Leben riefen, war dies ein gewaltiger Schritt. Wir waren ein ausgezeichnetes Team. Aber drei Jahre später kam es zu Unverständnis und Missverständnissen. Ich musste lernen zu unterscheiden, wer ich selbst war und wer die anderen waren. In dieser Zeit lernte ich, die Unterschiede positiv zu bewerten. Das war für mich nicht einfach. In unserer Studenten-WG hatten wir eine solche Entwicklung schon einmal erlebt. Darum war es für mich in dieser Situation schon etwas einfacher. Aber ich erfuhr auch, dass solche Krisen Zeit und Energie rauben.

Die Kollegen, mit denen ich damals zusammenarbeitete, sind im Laufe der Zeit Freunde fürs Leben geworden – Pfeiler, auf denen unsere Organisation in Europa aufgebaut ist. Als wir unsere erste Krise durchlebten, war das für uns alle sehr schwer, aber wir konnten dadurch das Fundament für eine neue Zukunft bauen.

Phase 2: Einander begreifen

„Kann denn solche Gemeinschaft unmittelbares Teilhaben dem einen am anderen nicht sein; ist jeder im Letzten eingewachsen in das Eigene, so wollen wir wenigstens einander verstehen. Gemeinschaft heißt dann, den anderen in seinem Wesen erblicken, um ihn wissen. Jener kann ich nicht sein. Er muss er selbst bleiben. Aber ich will ihn verstehen und darin bin ich dann mit ihm verbunden. Er muss seinen Weg gehen; ich den meinen. Aber ich will diesen Weg verfolgen, sodass er drüben geht und ich hüben und wir im Wechselwissen eins sind. Er muss seine Tat tun, ich die meine. Ich aber werde erkennen, wie sie aus ihm herauswächst; wie er sie meint; wie er in seiner Tat lebt, gerade weil sie unmittelbar die seine ist. Ebenso wird er mich erkennen. Und darin werden wir Gemeinschaft haben." (A. a. O., S. 28 f.)

Wenn es durch unsere Unterschiedlichkeit zu einer Krise kommt, führt unsere Einzigartigkeit häufig zunächst einmal zu Spannungen, Unverständnis und Misstrauen. Aber in einer zweiten Phase können wir lernen, diese Spannungen zu verwandeln – in Verständnis für das Anderssein des anderen. Durch wachsendes gegenseitiges Verständnis wächst dann auch eine neue Form von Vertrauen.

„Ich weiß um den anderen wie um mich. Ich weiß also, worauf ich baue, wenn ich auf ihn baue. Auf diesem Verstehen wird die Treue ruhen: Ich kenne ihn, wie ein klar verstandenes Fundament, und weiß, es wird das Haus sicher tragen. Auf jenem Verstehen wird die Achtung ruhen: Ich weiß, sein Wesen ist echt gefügt und verdient die Gabe der Hochschätzung." (A. a. O., S. 30)

Wir begeben uns in dieser neuen Phase also auf die Suche nach dem anderen – versuchen, ihn und uns selbst zu begreifen. Wie können wir damit beginnen? Zum einen könnten wir uns auf eine „Entwicklungsreise" begeben und die Schicksalsgestalt, die Wesensgestalt und die Berufungsgestalt des anderen erforschen (zu diesen Begriffen, vgl. Kapitel 1, S. 11).

Wenn Sie jemanden besser verstehen wollen, dann sollten Sie sich zunächst einmal mit seiner *Geschichte* beschäftigen und fragen: „Wo kommt er her? Was hat ihn geprägt? Was waren die Höhepunkte, was die Niederlagen in seinem Leben?", denn wir werden durch unsere Geschichte geprägt.

Begeben Sie sich anschließend auf die Suche nach der *Wesensform* des anderen. Dabei ist das DISG-Modell* ein sehr praktisches Hilfsmittel für das Team. Unser *xpand*-Team erhält regelmäßig Anfragen zur Durchführung eines solchen Teamtrainings. In diesem Seminar beginnen wir am ersten Tag in der Regel mit einem so genannten „DISG-Persönlichkeitstest" für alle Mitglieder des Teams. Mit Hilfe dieses Tests entdeckt jeder die Stärken seiner Persönlichkeit und erfährt etwas über die Dinge, die ihn antreiben. Er entdeckt, in welchen Situationen und mit welcher Art von Kommunikation er Schwierigkeiten hat. Nachdem sich jeder Teilnehmer selbst ein Stück besser kennen gelernt und erfahren hat, wie und wodurch der andere angetrieben wird, begeben wir uns in einem nächsten Schritt gemeinsam auf die Suche nach einer Möglichkeit, wie wir den anderen besser verstehen und wie wir besser miteinander kommunizieren können.

Einer der Höhepunkte des Seminars ist immer wieder, dass die Teilnehmer entdecken: „Ja, der andere ist wirklich anders, aber er ist deshalb nicht weniger wert als ich. Im Gegenteil, das ‚Anderssein' des anderen kann auch eine sehr gute Ergänzung zu mir sein." In Phase 2 des Gruppenwachstums kann ein solches Teamtraining der ideale Schritt sein, um weiter zu wachsen.

Ein letzter Punkt: Wenn Sie einen anderen Menschen besser kennen lernen wollen, dann sollten Sie auch nach seiner *Berufungsgestalt* fragen: „Wozu

---

* DISG ist die Abkürzung für vier Persönlichkeitstypen: „D" steht für dominant und durchsetzungsfähig, „I" für intuitiv und initiativ, „S" für stabil und standhaft, „G" für gewissenhaft und korrekt. Fast niemand entspricht genau einem dieser Idealtypen. Bei den meisten Menschen sind diese vier Typen miteinander kombiniert.

ist er wirklich berufen? Und was ist meine Berufung?“ Es hat sich beispielsweise als hilfreich erwiesen, einander die eigenen Leiterschaftswerte und den Wappenschild (vgl. Kapitel 3, S. 86) zu präsentieren, wenn man in einem Leitungsteam zusammenarbeitet. Auf diese Weise können wir die Berufung des anderen umfassend begreifen.

„Jede Seele hat Gott besonders geschaffen. Jede gibt es nur einmal. Jeden Menschen hat, in der Einmaligkeit seiner Person, Gott, als er ihn schuf, gerufen; bei seinem Namen gerufen. Dieser Name ist nur zwischen Gott und ihm. Er ist die Weise, wie Gott ihn gemeint hat. Gottes Gabe an ihn und auch Gottes Forderung. Der Maßstab, an dem er ihn messen wird, und die Gestalt der Liebe Gottes zu ihm. Diese letztgültige Personalität ist überhaupt nur im Gegenüber des geistlichen Du, des Gotteskindes zu Gott.“ (A. a. O., S. 23 f.)

Wenn ich entdecke, das ein anderes Mitglied meines Teams ebenso wie ich einen einzigartigen Lebensauftrag hat, dann fällt es mir auch leichter zu sagen: „Er muss er selbst bleiben können.“

Krise 2: „Ich glaubte, den anderen zu verstehen“

Auch in der zweiten Wachstumsphase der Gemeinschaft stoßen wir an eine Grenze; in diesem Fall besteht sie im Nicht-begreifen-Können des anderen sowie der eigenen Person: „Ich hatte geglaubt, die Reaktion des anderen richtig einschätzen zu können, aber nun scheint er doch jedes Mal wieder anders zu reagieren. Bis zu diesem Punkt war mein Vertrauen auf den Glauben gegründet, dass ich den anderen verstehe. Aber wenn ich jemanden nur unvollständig begreife, wie kann ich ihm dann vertrauen? Bleibe ich dann einsam zurück?“

An dieser Stelle fallen viele Leiter auf folgende Lüge herein: „Als Leiter ist man einsam. Und je höher man auf der Karriereleiter klettert, desto einsamer wird man.“ Dies ist die typische Aussage eines Menschen, der in der 2. Krise gestrandet ist.

1986 – während ich Mitbewohner in der bereits beschriebenen Studenten-WG war – geriet ich in diese Krise. In dieser Zeit musste ich neu lernen, welche Möglichkeiten sich uns durch Gemeinschaft eröffnen. Meine Frau und ich wurden von guten Mentoren begleitet, die uns durch ihre unbequemen Fragen sehr dabei geholfen haben, diese Krise zu überwinden. Sie motivierten uns, ein Sabbatjahr, eine Zeit der Kontemplation und Reflexion, einzulegen.

Während unseres Sabbatjahrs besuchten wir auf Hawaii sechs Monate lang einen Kurs zum Thema „Kommunikation und Management“. Dieses Seminar war wirklich sehr bereichernd für uns. In dieser Zeit bekamen wir nicht nur neue Einsichten über uns selbst und lernten, wie wir mit unserer Persönlichkeit und der anderer umgehen können, sondern auch unsere Vision wurde erneuert.

Nach dieser wichtigen Auszeit entdeckten Sylvia und ich wieder viele neue Möglichkeiten. Sylvia begann 1987 mit dem Aufbau eines Vorschulkindergartens in einem sozialen Brennpunkt von Dortmund. Und ich gründete im gleichen Jahr mit drei Freunden das *Power Management Team*. Für uns war es auch ein großes Wunder, dass wir nach unserem Sabbatjahr nacheinander drei Kinder bekamen. Dies war deshalb so erstaunlich, weil wir in den ersten zehn Jahren unserer Ehe keine Kinder bekommen konnten. Offensichtlich können Krisen auch neues Leben bringen.

Phase 3: Den anderen erkennen und wertschätzen

„Nun kommt es darauf an, ob ich sehe und zugestehe: Die eigentliche Gemeinschaft hat ihren Entscheidungspunkt darin, dass ich den anderen anerkenne, nicht nur in seinem verständlichen Eigensein, sondern auch in seiner Fremdheit. Dass ich dem Anderen zuerkenne: Im Letzten kann er vielleicht überhaupt nicht verstanden werden." (A. a. O., S. 33 f.)

Wenn eine Gemeinschaft diese Phase erreicht, entsteht ein Raum, in dem jeder wieder er selbst sein kann. In einer solchen Gemeinschaft muss ich nicht mehr ständig versuchen, vollständig verstanden zu werden, weil ich von den anderen Wertschätzung erfahre. In dieser Phase wird das Fundament für ein Team gelegt, das langfristig miteinander arbeiten, sich entdecken und Abenteuer erleben kann. Trotz dieses Wir-Gefühls kann sich jedes Mitglied seiner Persönlichkeit entsprechend entwickeln, ohne in die Falle des Individualismus zu tappen. Die Gemeinschaft hat gemeinsam die Entscheidung getroffen, zusammen vorwärts zu gehen – unter dem Vorzeichen und im wachsenden Verständnis dafür, dass es unmöglich ist, einander vollständig zu begreifen.

Als wir aus Hawaii zurückgekehrt waren und unserer Studenten-WG neue Impulse gaben, erreichte unsere Gruppe eine neue Wachstumsphase: Jeder von uns entwickelte sich in eine andere Richtung weiter, entdeckte die eigene Berufung. So erlebten wir als Gemeinschaft Wachstum.

Krise 3: „Ich glaubte, ein Anrecht auf den anderen zu haben"

Man ist eine Zeit lang gemeinsam unterwegs, steht dem anderen als reifer Mensch gegenüber und entdeckt: „Ich schenke meinem Mitmenschen Vertrauen, aber er erwidert dieses Vertrauen nicht in gleichem Maße. Ich nehme ihn an, aber er akzeptiert mich nur teilweise. Ich gebe ihm die Freiheit, er selbst zu sein, aber er gibt mir diesen Raum nicht. Will ich ihm oder ihr eigentlich noch vertrauen? Hat er oder sie mein Vertrauen überhaupt noch verdient? Vielleicht sollte ich davon nicht mehr verschenken, als ich selbst von meinem Gegenüber erwarten kann."

Nachdem sie gewachsen ist und vertieft wurde, kann eine Beziehung auch wieder in eine Zeit des Fragens und des Beurteilens zurückfallen. Nehmen wir das Beispiel Mentor-Schüler: Nachdem sie jahrelang ein Stück Weg miteinander gegangen sind und viel voneinander gelernt haben, ist auf beiden Seiten Vertrauen gewachsen und Enttäuschungen wurden überwunden. Doch dann verändert sich irgendetwas. Der Schüler beginnt, mehr und mehr seinen eigenen Weg zu gehen. Er scheint sich langsam von seinem Mentor zu entfremden. Sein Berater schenkt ihm nach wie vor all sein Vertrauen, aber er bekommt nicht mehr dasselbe Maß an Vertrauen zurück. Der Mentor glaubte, ein ewiges Anrecht auf das Vertrauen seines Schülers zu haben, und begreift nicht, dass dieser inzwischen mehr Freiraum benötigt, damit er seinen eigenen Weg gehen kann.

Denselben Prozess kann man auch bei einem Jugendlichen erkennen, der gerade in der Pubertät ist, sowie bei einem jungen Erwachsenen, der heiratet und seine Eltern verlässt. Das Loslassen ist für den Teenager und für den jungen Erwachsenen lebenswichtig. Andernfalls ist er unfähig, an seiner neuen Gemeinschaft zu bauen und eine eigene Familie zu gründen. Schwindet durch die Trennungskrise die Beziehung zum Mentor oder zu den Eltern? Keinesfalls. Sie wird vielmehr erneuert und wächst – wenn auch auf andere Weise.

Phase 4: Einander freigeben

Diese dritte Krise können Sie nur überwinden, wenn Sie den anderen nicht nur akzeptieren und in seinem Andersein annehmen, sondern ihn darin auch völlig freigeben. Dieses Freilassen vollzieht sich in erster Linie dadurch, dass Sie Ihr Recht auf den anderen aufgeben.

„So heißt denn mögliche Gemeinschaft im Letzten: dass ich über die Fremde hin den anderen anerkenne. Dass ich ihn freigebe in die Freiheit des Eigenseins, was aber zugleich bedeutet: in sein Geheimnis und seine Undurchdringbarkeit. Und dass ich, wenn ich einmal die Treue geschenkt, sie ihm wahre und ihm vertraue, über die Fremde hin." (A. a. O., S. 35 f.)

Die Treue bekommt nun eine neue Dimension: Ich beurteile und verurteile das Anderssein des anderen nicht länger. Dies zeigt sich sehr schnell, wenn ich in einem Team mit jemandem zusammenarbeite, der aus einem anderen

Kulturkreis stammt. Wir tun zwar Dinge gemeinsam, begreifen uns aber im Grunde nicht. Wir lernen einander kennen und entdecken, dass wir uns nie ganz verstehen können. Wir werden fähig, uns in unserem Andersein zu respektieren.

Und wir gehen auch noch einen Schritt weiter: Ich lasse mein Gegenüber frei – ich lasse ihn seinen eigenen Weg gehen und vertraue ihm, auch wenn ich ihn nicht ganz begreifen kann. Wir gehen beide einen neuen Schritt. Wir schenken uns gegenseitig aufs Neue unser Vertrauen, ohne ein festes Unterpfand zu haben.

„Nicht auf dem Durchschauen ruht die grundlegende Anerkennung, sondern die Anerkennung ist schöpferisch. Sie ist vor dem Durchschauen und über ihm. Nicht auf dem Durchschauen ruht das Vertrauen, sondern das Vertrauen ruht auf sich, schwingt sich aus sich selbst hinaus, immer neu aus sich. Das Vertrauen ist ein Wagnis. Nicht im Durchschauen findet Treue Grund, sondern die Treue schafft ihren Grund." (A. a. O., S. 36)

In ihrem Buch „Warum Vertrauen siegt" beschreibt Dr. Gertrud Höhler, wie ein Mensch in seinem Leben Vertrauen aufbauen und auch wieder verlieren kann. Vertrauen ist für eine gesunde Existenz überlebensnotwendig. Im Folgenden möchte ich einige ihrer Kernaussagen zusammenfassen:

- Vertrauen ist der Schlüssel zum eigenen Ich. Wer vertraut, kann sich selbst etwas zutrauen.
- Vertrauen öffnet Fenster in die Zukunft.
- Sport ist ein Vertrauensgenerator, bei dem die Liebe zu uns selbst zurückgewonnen werden kann.
- Vertrauen ist die Grundlage für starke Teams.
- Vertrauen ist die einzig wirksame Medizin für unsere Gesundheit.
- Ohne Vertrauen ist keine sinnvolle Politik möglich.

Vertrauen will also gelernt sein. Wenn Sie in Ihrem Team Gemeinschaft bauen und miteinander durch die unterschiedlichen Wachstumsphasen und die dazugehörigen Krisen gehen, dann ist dies genau der Weg, um ein Meister in Sachen „gesundes Vertrauen" zu werden.

Krise 4: „Ich glaubte, ein Anrecht auf mich selbst zu haben"

Bis jetzt sind wir schon so weit gekommen und als Team beinahe unschlagbar geworden ... Und nun das? Nein, ich kann Sie beruhigen: Was jetzt kommt, ist keine schwere Krise.

Beziehungen können weiter wachsen, und das macht sie auch so interessant. Oft ist es aber einfach Zeit, dass Sie einmal eine Weile lang bewusst genießen, was Sie als Team erreicht haben. Dennoch sollten Sie im Blick behalten, dass es auch noch neue Ufer zu entdecken gilt. Vor allem dann, wenn Sie als Unternehmen oder Organisation wachsen wollen, werden Sie dabei sicherlich auch an neue Grenzen stoßen.

Das Spannungsfeld, in das Sie unter Umständen hierbei geraten, entsteht, wenn Sie Ihre Bereitschaft „Ich gebe den anderen frei, ganz er selbst zu sein" an die Bedingung knüpfen: „Aber nur dann, wenn auch ich das Recht habe, ich selbst zu sein." Mit anderen Worten: Sie streben nach einer Beziehung, die aus Geben und Nehmen besteht. Das ist eine gute Grundlage. Aber Sie können noch einen Schritt weiter gehen.

Phase 5: Sich dem anderen verpflichten

Wie können Sie sich selbst und den anderen helfen, sich weiterzuentwickeln? Die drei folgenden Schritte sind dabei hilfreich:

- Entdecken Sie den anderen und seine Welt.
- Geben Sie sich dem anderen aktiv hin.
- Erlauben Sie dem anderen, Sie zu lieben.

Schritt 1: Den anderen und seine Welt entdecken

Als Mensch erfahre ich die Welt aus meinem eigenen Blickwinkel. In meiner kindlichen Naivität denke ich anfangs vielleicht, ich sei der Mittelpunkt der Welt. (Sicher, es gibt auch Menschen, die das ein Leben lang denken.) Ich nehme den anderen also als jemanden wahr, der außerhalb meines Mittelpunkts lebt. Das heißt dann für mich: Mein Gegenüber ist damit weniger wichtig oder überhaupt nicht wichtig für mich.

„An Stelle des naiven Weltbildes – ethisch ‚naiv', technisch hingegen, psychologisch, ästhetisch, wissenschaftlich, sozial kann es höchst entwickelt, ja raffiniert sein –, an dessen Stelle tritt das personal-ethisch durchgearbeitete Weltbild." (A. a. O., S. 45 f.)

Alles um mich herum hat erst dann einen Wert, wenn es für mich wertvoll ist. In der 5. Phase der Gemeinschaft verbirgt sich die Herausforderung zu entdecken, dass es neben meinem eigenen Mittelpunkt auch noch den Mittelpunkt der anderen gibt. Denn auch meine Mitmenschen sehen ihr eigenes Leben sowie die Welt als Ganzes aus ihrer Perspektive.

Ich werde mich weiterentwickeln, wenn ich entdecke, dass auch das „Du" einen persönlichen Ursprung und persönliche Ziele hat. Wenn ich beide

Welten – meine Welt und die der anderen – im Blick habe und von beiden Standpunkten aus zu denken lerne, dann wird sich meine Persönlichkeit weiterentwickeln können.

Aus diesem Grund ist es meines Erachtens für junge Menschen auch so wichtig, eine längere Zeit im Ausland zu leben, um dort eine andere Welt – einen anderen Standpunkt, von dem aus gedacht wird – kennen zu lernen. Besonders wichtig ist ein solcher Auslandaufenthalt für Menschen, die später Leitungsfunktion übernehmen oder in interkulturellen Teams zusammenarbeiten werden.

Das Denken, das man in einem anderen Umfeld lernen kann, bezeichnet man auch als *transformatives Denken*. Damit ist die Fähigkeit gemeint, aus der Perspektive einer anderen Erlebenswelt denken zu können. Auf diese Weise wird es möglich, neue Dinge zu lernen und diese in geeignete Ideen für das eigene Leben zu übertragen.

Jesus schulte seine Jünger drei Jahre lang im transformativen Denken. Denken Sie an die verschiedenen Gleichnisse, die er erzählt hat, zum Beispiel an die Geschichte über den Bauern, der Samenkörner auf seinen Acker aussäte. Jesus regte seine Zuhörer durch die Gleichnisse an, die Bilder aus der Landwirtschaft auf die geistliche Welt zu übertragen. Danach forderte er sie auf, aus diesen Geschichten Schlüsse für den eigenen Alltag zu ziehen. Durch dieses beständige Training im transformativen Denken lernten seine Mitarbeiter, Dinge von der einen Erlebniswelt in die andere zu übertragen.

Warum hat Jesus das getan? Weil er seinen zunächst 12, dann 70 und später 120 Jüngern dabei helfen wollte, Leiter zu werden – Leiter, die fähig sein mussten, Gottes Vorstellung von einer gesunden Gesellschaft aus einer geistlichen Realität in die Realität des Alltags und diese Ideen obendrein noch in die Lebenswelt von Menschen aus verschiedenen Kulturen zu übertragen.

Jetzt, über 2.000 Jahre später, können wir erkennen, wie sich die Gedanken Jesu in ganz Europa ausgebreitet haben.

Die Entdeckung des „Du“ und der Welt des anderen hat also zu tun mit …

- … einem personal-ethischen Beschluss, den anderen für genauso wichtig zu halten wie sich selbst.
- … einer Denkweise, die man erlernen kann und die den Menschen befähigt, die Welt des anderen zu begreifen und von ihr zu lernen (transformatives Denken).

Schritt 2: Sich dem anderen aktiv hingeben

„[…] alles echte Du-Verhältnis sagt: Sei, der du bist; und wachse voran, damit du werdest, der du sein sollst!“ (A. a. O., S. 49)

Wenn Sie sich dem Wachstum des anderen verpflichten und den Traum entdecken, den Gott in den anderen hineingelegt hat, dann bedeutet das mehr, als nur zu sagen: „Ich gebe dir genauso viel Freiheit, wie du mir gibst." Dann gehen Sie noch einen Schritt weiter. Dann entdecken Sie seine Welt und bekommen immer mehr Respekt vor seiner Würde und seiner Bestimmung. Aus dieser Perspektive können Sie den Beschluss fassen, ihn in seinem Wachstum zu unterstützen und zu fördern.

Ich sprach einmal mit ein paar Freunden über das Thema „Anderen Menschen dienen". Einer meiner Gesprächspartner meinte: „Aber ihr erwartet doch wohl nicht, dass ich jemandem diene um des Dienens willen. Dienen hat immer etwas mit falscher Unterwürfigkeit zu tun. Der Starke missbraucht immer den Abhängigen!" Offenbar hatte dieser Mensch viele negative Erfahrungen mit dem Dienen gemacht und war mit Menschen in Kontakt gekommen, die sehr egoistisch handelten.

Worum es mir geht, ist ein Dienen, das aus einer Hochachtung vor der Würde des anderen geschieht – vollkommen freiwillig, mit Enthusiasmus und Freude. Natürlich ist bei diesem Dienen jedes Mal neue Hingabe notwendig. Ich muss immer wieder die Entscheidung fällen, von meiner Perspektive weg auf die Welt des anderen zu schauen. Ich stehe ständig neu vor der Entscheidung, dem anderen zu helfen, seine Welt zu bauen. (Noch mehr zu diesen Gedanken im nächsten Kapitel.)

Wie können Sie nun als Leiter lernen, in einer gesunden Weise zu dienen? Fangen Sie klein an. Beginnen Sie damit, dass Sie Ihren Kindern oder Ihrem Ehepartner dienen. Helfen Sie kranken oder alten Menschen. Unterstützen Sie Menschen, die aus einem anderen Kulturkreis stammen. Denken Sie dabei nicht an große Aufträge und fantastische soziale Projekte, sondern an die alltäglichen Dinge, an kleine Momente, in denen Sie Menschen begegnen und in denen Sie ein Licht sein können. Versuchen Sie, anderen mit Interesse zuzuhören, oder halten Sie ihnen eine Tür offen. Wenn Sie zuhören, dann hören Sie so hin, dass Sie erkennen können, ob Sie dem anderen in seiner Not oder in seinen Fragen weiterhelfen können.

Schritt 3: Dem anderen erlauben, mich zu lieben

Einer meiner Freunde und Partner, mit dem ich einige Jahre in Deutschland zusammengearbeitet habe, kehrte eines Tages in sein Heimatland zurück. Bei unserem Abschied sagte er: „Paul, du bist für mich ein Wind der Gnade!"

Auch Sie können ein „Wind der Gnade" sein, wenn Sie dem anderen deutlich zeigen, dass er so sein kann, wie er ist. Sie können aber auch ein „Wind der Leistung" sein und Ihrem Gegenüber auf diese Weise zu verstehen geben, dass man noch viel tun muss, um von Ihnen wertgeschätzt zu werden. Menschen, die aus der Gnade leben, können sowohl Gnade geben als auch empfangen. Das ist ebenfalls eines der Fundamente, das gelegt werden muss, damit Sie fähig und in der Lage sind, Liebe zu empfangen und sich selbst anzunehmen.

Ich hatte immer sehr viel Freude daran, Leistung zu erbringen. Ich genoss es, Resultate sehen zu können. Und doch musste ich einsehen, dass Leistung allein meinem Leben keine Bedeutung verleiht. Gesunde Beziehungen bereichern mein Leben. Beziehungen leben nicht von der Leistung, sondern viel mehr von der Gnade, dass der andere so sein darf, wie er ist. Gnade bedeutet auch, dass ich ihm dienen darf. Und nicht nur das. Wenn ich aus der Gnade lebe, kann ich auch selbst so sein, wie ich bin, und werde fähig, mir selbst zu dienen.

Wie können Sie sich von anderen lieben lassen? Jesus hat dies sehr gut auf den Punkt gebracht, als er die jüdischen Gesetze und Traditionen in zwei Sätzen zusammenfasste: „Liebe Gott von ganzem Herzen, mit ganzem Willen und mit deinem ganzen Verstand! [...] Liebe deinen Mitmenschen wie dich selbst!" (Matthäus 22,37–39).

Diese drei Liebesaufträge sind untrennbar miteinander verbunden und zugleich ganz von einer Voraussetzung abhängig: der Gnade, dass Gott uns als Menschen vollkommen liebt. Aus diesem Grund ist es so wichtig, dass ein Leiter die Sicherheit hat, dass jemand da ist, der zu ihm steht und ihn liebt. Dann wird er verstehen, was Gnade ist, und er kann sie selbst an andere weitergeben, während er ein Team aufbaut und Beziehungen pflegt. Ohne Gnade wird sich niemals eine echte Gemeinschaft entwickeln können.

In diesem Kapitel des Buches haben Sie entdeckt, dass eine Gemeinschaft, eine Organisation oder ein Unternehmen in der Regel fünf Wachstumsphasen und vier Krisen durchläuft. In jeder Phase und jeder Krise stehen Sie als Leiter vor der Herausforderung, Beziehungen aufzubauen und zu pflegen. Ich wünsche Ihnen in Ihrem Wachstumsprozess als Führungsperson viel Erfolg!

Wachstumsphasen und Krisen einer Gemeinschaft (nach Romano Guardini)

Krise 4:
„Ich glaubte, ein Anrecht auf mich selbst zu haben"

- Ich habe das Recht auf mich selbst, weil ich dem anderen das Recht gegeben habe, er selbst zu sein.
- Ich gebe den anderen frei, ganz er selbst zu sein, aber nur dann, wenn auch ich das Recht habe, ich selbst zu sein.

Phase 5: Sich dem anderen verpflichten

- den anderen und seine Welt entdecken
- sich dem anderen aktiv hingegeben
- dem anderen erlauben, mich zu lieben

Krise 3:
„Ich glaubte, ein Anrecht auf den anderen zu haben"

- denn ich gebe ihm doch meine Anerkennung und die Freiheit, ganz er selbst zu sein.
- dann darf ich doch fordern, dass auch er mir diesen Raum gibt und mich akzeptiert?

Phase 4: Einander freigeben

- in die Freiheit, er selbst zu sein
- im Beurteilen – das Anderssein des anderen nicht verurteilen
- dem anderen Vertrauen schenken, auch wenn er für mich ein Geheimnis bleibt

Krise 2:
„Ich glaubte, den anderen zu verstehen"

- aber der andere bleibt doch unbegreiflich und seine Handlungen unerklärlich

Phase 3: Den anderen erkennen und wertschätzen

- in seiner Fremdheit
- einsehen, dass ich den anderen nie ganz verstehen werde
- mir bewusst werden, dass ich auch mich selbst nicht ganz begreifen kann

Krise 1:
Unterschiede und Spannungen

- nicht begreifen, warum der andere anders ist
- Misstrauen
- nicht ich selbst sein können

Phase 2: Einander begreifen

- im Anderssein
- die Geschichte (sein Wesen, seine Berufung) des anderen entdecken
- er ist er, ich bin ich, und das ist gut so

Phase 1: Miteinander arbeiten und leben

- gemeinsam arbeiten
- von derselben Sache überzeugt sein
- eine Vision teilen und sich ganz dafür einsetzen
- einander beistehen

Workshop 5.3: Mandat – Gemeinschaft (Fragebogen)

Dieser Fragebogen soll Ihnen zeigen, ob Sie ein Leiter sind, der Gemeinschaft bauen kann. Auch bei dieser Übung möchte ich Ihnen empfehlen, den Fragebogen zuerst selbst auszufüllen und dann einen oder zwei gute Freunde zu bitten, Sie hinsichtlich der angegebenen Bereiche zu beurteilen. Bewerten Sie jede Fähigkeit mit 1 bis 6 Punkten („6" bedeutet „sehr ausgeprägt").

Kompetenz im Bau von Gemeinschaft	1	2	3	4	5	6
1. Kultur überbrückendes Denken » den anderen aus seiner Perspektive verstehen » Fähigkeit, auf die nonverbale Kommunikation des anderen zu achten » Fähigkeit, die Kultur des anderen zu respektieren, Interesse an anderen Kulturen und Sprachen » Flexibilität im Umgang mit Andersdenkenden						
Summe						
2. Kommunikation zwischen Mann und Frau » Fähigkeit, die Denkweise des anderen Geschlechts zu verstehen » Einfühlungsvermögen in die Erfahrungswelt des anderen Geschlechts » Offenheit für die Ideen des anderen Geschlechts (auch wenn diese für mich zunächst unverständlich sind) » Fähigkeit, mit Kollegen des anderen Geschlechts korrekt, aber auch entspannt umzugehen						
Summe						
3. Generationen überbrückendes Denken » Vermögen, altersspezifische Bedürfnisse und Fragen zu verstehen » Vermögen, Lebensphasen und -krisen zu verstehen » Respekt vor anderen Altersstufen » Freude an der Zusammenarbeit mit Menschen aus anderen Altersstufen						
Summe						
4. Sinnstiftend Richtung angeben » Fähigkeit, eine Gruppe sinnstiftend zu inspirieren » Fähigkeit, dem Einzelnen Hoffnung und eine erreichbare Perspektive zu bieten » Fähigkeit, eine Gruppe herauszufordern, das Beste zu geben » Fähigkeit, unterschiedliche Menschen leicht inspirieren zu können; gemeinsam eine Vision auszuarbeiten						
Summe						

Kompetenz im Bau von Gemeinschaft	1	2	3	4	5	6
5. Ein Zuhause bauen » Fähigkeit, mit Freude gastfreundlich zu sein und Menschen am eigenen Leben teilhaben zu lassen » Fähigkeit, schwachen Menschen Raum zu bieten, sodass sie zur Gemeinschaft dazugehören » Fähigkeit, leicht Freundschaften zu schließen » Fähigkeit, eine Atmosphäre der Sicherheit und einen Ort zu schaffen, an dem jeder er selbst sein kann						
Summe						
6. Loyalität und Ausdauer » Fähigkeit, an den guten Willen der Mitarbeiter zu glauben » Bereitschaft, langfristig miteinander zu arbeiten » Bereitschaft, für die Mitglieder der eigenen Gemeinschaft einzustehen, auch wenn sie Fehler machen und diese erkennen » Hingabe, den eigenen Mitarbeitern zu dienen und sie in ihrem Erfolg zu unterstützen						
Summe						
7. Beziehungskompetenz » Fähigkeit, die eigenen Stärken und Schwächen einzugestehen » Fähigkeit, Gnade als etwas zu verstehen, das man gern verschenkt » Fähigkeit, Freude daran zu haben, die Träume des anderen zu entdecken und Wirklichkeit werden zu lassen » Fähigkeit, genießen zu können, den anderen aktiv im Erreichen seiner Träume zu unterstützen						
Summe						
Gesamtsumme						

Kapitel 6: **Hingabe**

Bereits Guardini hat herausgefunden: Mein Wesen macht 60 Prozent meines Einflusses als Leiter aus; 30 Prozent Einfluss habe ich durch die Art und Weise, wie ich Dinge tue, und nur 10 Prozent durch das, was ich sage. Die Kommunikationswissenschaft kommt mehr oder weniger zu demselben Ergebnis: 7 Prozent meines Einflusses habe ich durch das, was ich sage, 38 Prozent durch den Ton, in dem ich etwas sage, und 55 Prozent durch meine Körpersprache. Wie ich bin und wie ich lebe, wie ich mit meiner Hingabe umgehe – das alles hat sehr große Auswirkungen auf die Hingabe, die ich von meinen Mitarbeitern erwarten kann. Ohne diese Hingabe werden Sie nichts Wesentliches erreichen.

Als Leiter entwickeln Sie den „genetischen Code" Ihrer Organisation. Sind Sie träge, werden Sie Trägheit reproduzieren. Sind Sie verwöhnt, werden Sie Verwöhnung reproduzieren. Sind Sie hochmütig, werden Sie Hochmut reproduzieren. Wenn Sie kreativ sind, dann werden Sie in anderen Kreativität wecken. Wenn Sie fleißig sind, dann fordern Sie auch automatisch von anderen Fleiß. Wenn Sie ein Diener sind, dann werden Sie in den anderen Dienstbereitschaft hervorbringen.

1. Lebensstile

Es geht in diesem Kapitel eigentlich um zwei Lebensstile, die einander gegenüberstehen. Auf der einen Seite stehen Hochmut und Faulheit, auf der anderen Dienstbereitschaft und Fleiß.

Lebensstile

Hochmut	**Dienstbereitschaft**
Faulheit	**Fleiß**

Das biblische Buch der Sprichwörter regt mich besonders dazu an, immer wieder über dieses Thema nachzudenken. Ich möchte Ihnen im Folgenden diese beiden Lebensstile anhand einiger Verse etwas näher erläutern.

Hochmut und Faulheit

Die folgenden Bibelverse sollen lediglich als Anregung dienen, selbst einmal in den Sprichwörtern zu lesen.

„Wer zu Grunde gehen soll, der wird zuvor stolz; und Hochmut kommt vor dem Fall." Sprichwörter 16,18; Luther
„Der Faulpelz kommt um vor Begier und bleibt hungrig; aber der Fleißige isst sich satt." Sprichwörter 13,4

Faulheit führt zu Begierde und bietet keine wahre Erfüllung, während Fleiß ein hohes Maß an Erfrischung und Befriedigung bringt.

„Wer lässig ist in seiner Arbeit, der ist ein Bruder des Verderbers." Sprichwörter 18,9; Luther

Diese Aussage betont, dass man die Dinge, die man tut, nicht nachlässig tun soll, sondern mit Hingabe. Fleiß bedeutet: hart, engagiert und effizient zu arbeiten.

„Der Faule stirbt über seinem Wünschen; denn seine Hände wollen nichts tun." Sprichwörter 21,25; Luther

In diesem Vers wird ganz deutlich zur Sprache gebracht, was geschieht, wenn man der Faulheit frönt: Man wird nicht in der Lage sein, einen gesunden Lebensstil zu entwickeln.

Fleiß und Dienstbereitschaft

Zu diesem Lebensstil möchte ich nur eine Textstelle anführen, obwohl im Buch der Sprichwörter sicherlich Hunderte von Versen dazu zu finden sind:

„Die Pläne des Fleißigen bringen Gewinn, doch der hastige Mensch hat nur Mangel." Sprichwörter 21,5; Einheitsübersetzung

Dieser Vers fordert uns heraus, unsere Aktivitäten zu planen und unser Bestes zu geben. Zugleich sollen wir uns aber auch die nötige Zeit nehmen, um unsere Arbeit gut und konzentriert zu erledigen.

In diesem Kapitel soll es noch einmal um das Thema „Selbstreflexion" gehen. Werden Sie bereit sein, über sich selbst nachzudenken und mit dem Training zu beginnen? Hochmut und Faulheit sind zwei Eigenschaften, die sehr eng miteinander verbunden sind. Ihr äußeres Erscheinungsbild ist sehr vielfältig.

Hochmut kann sich äußern in Form von:

- Minderwertigkeitskomplexen,
- Undankbarkeit,
- einer „Ich habe ein Anrecht auf mehr"-Mentalität,
- Sarkasmus und Zynismus,
- Rassismus,
- einer Macho-Mentalität oder übertriebenem Feminismus,
- übertriebenem Selbstwert,
- Unbelehrbarkeit.

Faulheit kann sich verbergen in:

- einer Opfermentalität,
- „Schuldabschieberitis",
- einer „Das kann ich nicht"-Einstellung,
- einem übertriebenen Bedürfnis nach Schlaf (vor allem morgens),
- Widerstand gegen Veränderung.

Ich finde es interessant, dass sowohl Hochmut als auch Faulheit ihren Ursprung in unserem Herzen haben – dort, wo unsere Wünsche entstehen. Sie beeinflussen unseren Verstand (unsere Gedankenwelt) sehr stark und können in der Folge auch unseren Körper krank machen. Auf den folgenden Seiten möchte ich Ihnen nun einen kleinen Blick in das Wesen des Hochmuts und der Faulheit geben und zeigen, wie sich beide gegenseitig „nähren".

Workshop 6.1: Hingabe im Alltag (Fragebogen)

Doch zunächst einmal eine kleine Übung: Mit wie viel Hingabe erledigen Sie Ihre Aufgaben? Ich möchte Ihnen auch an dieser Stelle empfehlen, die Tabelle zunächst allein auszufüllen und dann ein oder zwei Freunde zu bitten, Sie einzuschätzen. Vergeben Sie jeweils Punkte von 4 („Trifft überhaupt nicht zu") bis 9 („Stimmt genau").

Workshop 6.1: Hingabe im Alltag (Fragebogen)

Hingabe	**4**	**5**	**6**	**7**	**8**	**9**
1. Verschieben » Ich verrichte unangenehme Arbeiten schnell und gewissenhaft. » Ich habe eine Aufgabenliste und arbeite diese systematisch ab. » Ich führe unangenehme Gespräche so schnell wie möglich. » Ich schiebe meine Verantwortung nicht auf die Umstände, sondern packe die Dinge selbst an.						
Summe						
2. Qualität meiner Arbeit » Ich bereite meine Arbeit gut vor. » Ich erledige eine Aufgabe konzentriert. » Ich erkundige mich bei meinen Kollegen nach der Qualität meiner Arbeit. » Ich setze dieses Feedback in meinem Beruf/meinem Leben um.						
Summe						
3. Prioritäten setzen » Ich kann zu Aufträgen „Nein" sagen, die von anderen besser ausgeführt werden können. » Ich ordne meine Aufgaben regelmäßig in die Kategorien „dringend – nicht dringend" und „wichtig – nicht wichtig" ein. » Ich erstelle eine Jahresplanung für meine Arbeit und meine Lernziele. » Ich habe einen guten Überblick über meine Aufgaben und kenne die Erwartungen, die andere an mich haben.						
Summe						

Hingabe	4	5	6	7	8	9
4. Hingabe in Beziehungen » Ich gehe mit Menschen durch „dick und dünn". » Ich habe guten Kontakt zu Freunden von früher. » Bei Konflikten suche ich immer nach einer konstruktiven Lösung, die sowohl für den anderen als auch für mich von Vorteil ist. » Ich reserviere regelmäßig Zeit für meine engeren Beziehungen (Freunde, Familie, Mitarbeiter).						
Summe						
5. Hingabe an meinen Leiter » Ich nehme mir regelmäßig Zeit, um darüber nachzudenken, wie ich meinen Leiter unterstützen kann, damit er erfolgreich ist. » Ich höre meinem Leiter aufmerksam zu, um ihn und seine Anweisungen besser verstehen zu können. » Ich gebe meinem Leiter ehrliche Rückmeldung, sowohl ermutigende als auch korrigierende. » Ich widme mich hundertprozentig meiner Aufgabe und lasse meine Gedanken während der Arbeit nicht zu anderen Tätigkeiten schweifen.						
Summe						
Gesamtsumme						

2. Hindernisse

In Kapitel 5 habe ich bereits die drei Grundbedürfnisse erläutert, die der Mensch in Bezug auf Gemeinschaft hat:

- Das Bedürfnis, die eigenen Talente zu entdecken, zu entwickeln und sie in die Gemeinschaft einzubringen.
- Das Bedürfnis, ein Zuhause zu finden und sich dort weiterzuentwickeln.
- Das Bedürfnis, einen Sinn im alltäglichen Leben zu finden und die eigene Berufung zu entdecken, dieser Berufung zu folgen und sich darin weiterzuentwickeln.

Der Psychotherapeut Dr. Alfred Adler vertrat die Auffassung, dass man bei der Erfüllung dieser Grundbedürfnisse mit zwei großen Problemen konfrontiert ist: Verwöhnung und Verwahrlosung – oder um es anders auszudrücken: ein Zuviel und ein Zuwenig an Erziehung.

Verwöhnung gehört zu den gravierendsten Erziehungsfehlern. Menschen, die verwöhnt sind, sind fast immer von einem unangenehmen „Geruch“ umgeben. Sie riechen nach Faulheit und Hochmut. Man findet sie bemitleidenswert, aber auch irritierend. Sie sind faul, weil sie alles haben wollen, ohne selbst etwas dafür zu tun. Sie sind hochmütig, weil sie meinen, ein Anrecht darauf zu haben. Es interessiert sie nicht, ob andere durch ihren Anspruch weniger bekommen, enttäuscht oder benachteiligt werden. Verwöhnte Menschen sind buchstäblich asozial. Albert Wunsch gibt in seinem Buch „Die Verwöhnungsfalle“ eine klare Definition von Verwöhnung und deren Folgen:

„Vor diesem Hintergrund entlarvt sich die Verwöhnung als Todfeind einer tragfähigen Investition in die Zukunft. Mit Ideenreichtum und Hinterlist gehen die Handelnden ans Werk und behindern den Prozess des Wachstums fundamental. Dies vereitelt eine optimale Förderung und Entwicklung zur Eigenständigkeit. Schwäche, Kraftlosigkeit und eine permanente Mutlosigkeit sind die Folgen. Demnach verhindert Verwöhnung ein Leben in Selbstverantwortung.“ (Albert Wunsch: „Die Verwöhnungsfalle“. München: Kösel, 9. Auflage 2005, S. 83)

Verwöhnung führt nicht nur zu Faulheit, sondern häufig auch zu einer großen Überschätzung der eigenen Talente und Fähigkeiten. Dadurch verrät sich der verwöhnte Mensch früher oder später selbst, und er verliert den Platz in der Gemeinschaft, den er bislang eingenommen hat.

„Verwöhnte Menschen sind Meister der Inszenierung von Hilflosigkeit, bis hin zur Panikmache, um so Zuwendung durch Unterstützung zu erlangen. Gleichzeitig sind sie Opfer ihrer vielfältigen Schwächen. Diese äußern sich als Unsicherheiten und Fluchttendenzen, bis hin zu hypochondrischen Ängsten. [...] Unberechenbarkeit und ein gemeinschaftsschädigendes Verhalten sind die Folgen. Andere Ausdrucksformen eines neurotischen Lebensstils sind überzogene – und damit nie erreichbare – Ziele sowie eine deutliche Bevorzugung von Schwarz-weiß- bzw. Gut-schlecht-Polarisierungen.“ (A. a. O., S. 133 f.)

Zusammenfassend können wir sagen, dass Verwöhnung zu einem gewissen Infantilismus führt, einer Kindhaftigkeit. Verwöhnte Erwachsene möchten gerne alle Freiheit genießen, weigern sich jedoch, die Verantwortung dafür zu übernehmen.

Kaleb und Josua

Wie ganze Generationen durch Verwöhnung ihrem eigenen Untergang entgegengehen können, kommt sehr gut in der Geschichte des Volkes Israel zum Ausdruck, das unter Moses Führung auf dem Weg ins Gelobte Land war (vgl. 4. Mose 13–14).

Kurz vor dem Ziel sandten die Israeliten zwölf Kundschafter aus. Diese erkundeten das ihnen von Gott versprochene Land und kamen zurück, um zu berichten, was sie dort gesehen hatten. Zehn der zwölf Männer sagten: „Das ist ein tolles Land, aber es ist auch gefährlich. Gehen wir also lieber nicht dorthin!"

Zwei der zwölf Männer jedoch, Kaleb und Josua, besaßen eine Vision sowie den Mut und einen Sinn für die Realität und sagten: „Das Land ist fantastisch. Es gibt in der Tat Gefahren, aber wir sollten nicht davor zurückschrecken. Es ist unser Land. Lasst es uns erobern."

Was war die Reaktion des verwöhnten Volkes? „Steinigt Kaleb und Josua. Wir wollen nicht hören, was sie sagen!" Gott konnte dies im letzten Moment noch verhindern und sagte: „Also gut, wenn ihr nicht in euer Land einziehen wollt, ist mir das auch recht. Es ist eure Entscheidung. Dafür dürft ihr jetzt die nächsten 40 Jahre weiterhin gemütlich durch die Wüste ziehen und dort sterben. Ich werde warten, bis eine neue Generation herangewachsen ist."

Und Gott fügte hinzu: „Die Einzigen, die diese neue Generation erziehen und mit ihnen das Gelobte Land einnehmen dürfen, sind Kaleb und Josua. Denn sie sind aus einem anderen Holz geschnitzt – in ihnen wohnt ein anderer Geist."

Was meinte Gott damit? Das Gegenteil von Verwöhnung und Angst. Er meinte einen Geist der Hingabe, des Fleißes und der Dienstbereitschaft. Eine Hingabe an Menschen, an einen Auftrag und an eine Berufung.

Kaleb und Josua waren die geistlichen Väter einer neuen Generation, die 40 Jahre lang in einer anderen Geisteshaltung erzogen wurde. Die Menschen mit der alten Mentalität starben aus und nach vier Jahrzehnten zogen die beiden Führer des Volkes Israel gemeinsam mit dieser neuen Generation in das Gelobte Land.

Josua und Kaleb waren zwei ganz besondere Leiter. Josua war ein Anbeter Gottes, geistlich stark und besaß eine Vision der Zukunft. Überall entdeckte er neue Möglichkeiten. Er war ein Diener. Er diente Mose und später dem ganzen Volk. Er war eine Führungsperson, die anderen die Richtung angab und ihnen vorausging. Er war ein Mann der Verantwortung und Autorität, die er aus Gottes Hand empfing. An diesen Eigenschaften wird deutlich, was Hingabe bedeutet und wie Leiter einen großen Einfluss auf die Hingabe einer ganzen neuen Generation haben können.

Aber wie kann man nun die „Verwöhnungsmentalität" in eine „Hingabementalität" verwandeln?

Verwöhnung beginnt, wo die Herausforderung ausbleibt

Wenn ein Kind in einer Umgebung aufwächst, in der für alles gesorgt wird und in der es immer beschützt ist, wird es unfähig werden, eigene Entscheidungen zu treffen. Wer aber Dinge nicht selbst entscheidet, kann auch keine Fehler machen. Und wer keine Fehler macht, hat auch keine Möglichkeit, seine eigenen Grenzen zu erfahren, und entwickelt schließlich die Haltung: „Ich kann alles“ oder: „Ich kann eigentlich gar nichts.“ Wo Kinder und auch Erwachsene nicht vor Herausforderungen gestellt werden bzw. diese nicht angehen, werden sie verwöhnt und geraten in eine Abhängigkeit.

Als ich damals in Deutschland als Architekt in einem Architekturbüro arbeitete, erhielt ich jeden Monat mein Gehalt. Es war zwar nie viel, aber ich hatte das, was ich zum Leben brauchte. Später machte ich mich selbstständig. Von diesem Zeitpunkt an schwankte jeden Monat die Höhe meines Einkommens, und ich entdeckte plötzlich, was es bedeutet, in Unsicherheit zu leben – nicht zu wissen, ob es für die kommenden sechs Monate genug Arbeit geben würde. Das war eine große Herausforderung für mich und doch war das für die meisten Menschen vor 1830 normaler Alltag. Bis zum Beginn des 19. Jahrhunderts war man entweder ein Selbstständiger (z. B. Zimmermann, Arzt, Schreiber, Bauer) oder ein Höriger, ein Knecht.

Natürlich will ich hiermit nicht sagen, dass alle, die als Nichtselbstständige arbeiten, verwöhnt sind. Aber die zusätzliche Herausforderung der Selbstständigkeit zwingt dazu, die ganze Verantwortung zu tragen und Beschlüsse zu fassen, die einem als Arbeitnehmer erspart bleiben. (Denken Sie zum Beispiel an den administrativen Ballast: das Kalkulieren der Angebote, das Vergleichen der Einkünfte und der Ausgaben, den immer wieder neu notwendigen Aufbau von Kundenkontakten, die Notwendigkeit, strategisch zu denken, usw.) Auch wenn es nicht immer einfach ist, selbstständig zu sein, hat es doch einen großen Vorteil: Es fordert heraus, nicht wieder in die „Verwöhnungsfalle“ zu geraten.

Verwöhnung beginnt bereits in unserer frühen Jugend. Wenn uns unsere Eltern verhätscheln und uns Angst vor allem einjagen, was möglicherweise falsch laufen könnte, berauben sie uns der einzigartigen Möglichkeiten, unsere eigenen Abenteuer zu erleben und die Konsequenzen zu tragen.

Heute bin ich Vater von drei Kindern, und ich merke, dass es gar nicht so einfach ist, die Grenze zwischen „beschützen“ und „loslassen“ zu finden. Wo muss Erziehung aufhören und wo beginnt Verwöhnung? Zum Beispiel beim Geld. Ich kann meinen Kindern so viel Geld geben, wie sie zu brauchen vorgeben. Oder ich kann sie herausfordern, selbst etwas dazuzuverdienen. Unsere Kinder bekommen ab ihrem 15. Lebensjahr ein kleines Taschengeld und ein paar Euro für Kleidung. Die Summe ist so hoch, dass sie sich alles kaufen können, was sie benötigen, aber nicht hoch genug für teure Markenkleidung. Wenn sie sich diese kaufen wollen, können sie (zu Hause) etwas dazuverdienen und damit ihren finanziellen Spielraum vergrößern. Seit unsere beiden Ältesten Klamottengeld bekommen, kaufen sie klüger ein und behalten dadurch sogar noch Geld für andere schöne Dinge übrig. Wenn wir die finanziellen Dinge anders handhaben würden, wären sie nicht auf einen gesunden, vernünftigen Umgang mit Geld vorbereitet.

Was bedeutet dies alles nun im Hinblick auf Leiterschaft? Natürlich können Sie Ihren Mitarbeitern alles vorkauen und alles bin ins kleinste Detail für sie regeln – doch wird ihnen das helfen, ihre Arbeit selbstständig und verantwortungsbewusst zu erledigen? Im Gegenteil, sie werden vielmehr Gefahr laufen, von einem geregelten und bequemen Leben abhängig zu werden. Als Leiter können Sie in Ihrer Leiterschaft, in Ihrer Vision und in Ihrem positiven Einfluss auf die Gesellschaft nur dann wachsen, wenn Sie Ihre Mitarbeiter herausfordern, selbst zu wachsen und wiederum Leitungsverantwortung zu übernehmen. Selbstständige und mündige Mitarbeiter werden Sie herausfordern, sich weiterzuentwickeln, und auch Sie werden Ihre Kollegen dazu herausfordern.

Albert Wunsch erklärt in „Die Verwöhnungsfalle" die Folgen von Verwöhnung. Sie verhindert beispielsweise:

- Interesse und Neugier,
- Konfliktfähigkeit,
- körperliche Kraft und Kondition,
- Wertschätzung (wer selbst keine Wertschätzung erfährt, gibt auch keine weiter),
- Zielstrebigkeit,
- realistisches Feedback,
- die Erfahrung, seine Grenzen zu erweitern,
- selbst errungene Erfolge,
- ein realistisches Selbstbild,
- Selbstvertrauen (wer sich selbst nicht vertraut, vertraut auch niemand anderem),
- Zufriedenheit und Selbstwertgefühl,
- Lebensmut und Risikobereitschaft,
- Toleranz und Offenheit für andere,
- Selbstständigkeit,
- Verantwortungsgefühl,
- Entwicklung von Beziehungskompetenz.

Wenn Sie Ihre Mitarbeiter oder Ihre Kinder verwöhnen, werden Sie verhindern, dass sich diese Fähigkeiten und Eigenschaften bei ihnen ausprägen!

Abhängigkeit voneinander

Ein Freund meines Sohnes saß einmal mit uns zusammen am Tisch und mein Sohn fragte ihn: „Sag mal, was musst du zu Hause eigentlich alles tun?“

Der Freund entgegnete: „Nichts.“

Mein Sohn reagierte ziemlich geschockt und sagte: „Hey, ich muss hier sogar die Toilette putzen!“, worauf sein Freund überrascht fragte: „Die Toilette putzen?“, und zog dabei ein Gesicht, als ob er sich gerade übergeben müsse.

Darauf erkundigte sich meine Frau: „Wenn du später erwachsen bist und dein eigenes Haus hast, wer putzt dann deine Toilette?“

Ohne nachzudenken, erwiderte der Freund: „Das macht dann meine Frau.“

Dieser Freund hat eine außergewöhnlich liebe Mutter, die alles für ihn tut und ihn im Haushalt überhaupt keine Aufgaben erledigen lässt. Unsere Kinder finden die Mutter dieses Freundes auch sehr nett. Sie sind dort gern zu Besuch, weil in diesem Haus alles für sie getan wird und sie sehr viel Spaß haben können.

Meine Frau Sylvia ist für unsere Kinder häufig wie ein Coach, der sie gern herausfordert. Dafür bin ich ihr sehr dankbar, denn so laufen unsere Kinder viel weniger Gefahr, verwöhnt, unselbstständig und abhängig zu werden.

Natürlich ist es toll, jemanden zu verwöhnen. Wer lässt sich nicht gern in Watte packen? Einer meiner Freunde hat eine Frau, die es wunderbar findet, ihren Mann zu verwöhnen. Die beiden sind nun schon seit mehr als 15 Jahren verheiratet und mittlerweile fragt sie sich häufig: „Warum ist der Kerl nur so faul?“ Am Wochenende ist sein Lieblingsplatz das Bett, vor allem am Nachmittag. Dort kann er sich wunderbar aller Verantwortung entziehen: „Pssst, Papa schläft!“, heißt es dann. Aber wer trägt denn nun die Schuld an dieser Situation: der verwöhnte Faulpelz oder der elende Verwöhner? Am Ende sind es beide.

Kinder haben nicht nur ein Recht auf eine liebevolle Erziehung, sondern auch ein Recht auf Schutz vor verwöhnenden Eltern. Alfred Adler schreibt:

„Solche Erzieher rühmen sich, dass sie gar keinen persönlichen Egoismus mehr besäßen, sondern nur noch für das Kind da seien. Untersucht man diesen Charakterzug genauer, erkennt man, dass der Egoismus nur eine Schicht tiefer zu finden ist, nämlich in der Eitelkeit des Erziehers […]. Eltern oder andere Personen im Umfeld von Kindern wollen sich durch die Verwöhnung selbst etwas angedeihen lassen.“ (zitiert nach Albert Wunsch: „Die Verwöhnungsfalle“. A. a. O., S. 136)

Und was ist mit Ihnen als Leiter? Wo dienen Sie Ihren Mitarbeitern und wo verwöhnen Sie sie? Ich selbst neige mehr zum Verwöhnen, weil ich es mag, wenn mich alle gern haben. Manchmal habe ich auch einfach keine Lust auf Konflikte. Aber ich bin mir natürlich auch bewusst: Wenn ich Konflikten aus dem Weg gehe, bin ich kein geeigneter Leiter, denn dann werde ich durch mein Verwöhnen nur unselbstständige und hilflose Mitarbeiter heranziehen.

3. Hingabe, der andere Weg

Während der Wüstenwanderung gab es unter den Israeliten außer ein paar Millionen verwöhnter Leute auch noch zwei Personen, die eine andere Haltung an den Tag legten: Josua und Kaleb. Gott sagte sich: „Der ganze Verein kann in der Wüste sterben, aber diese beiden sollen mit einer neuen Generation in das Gelobte Land ziehen. Warum Josua und Kaleb? Weil sie mir und allen meinen Geboten gehorsam sind und weil in ihnen ein völlig anderer Geist wohnt."

Diese andere Geisteshaltung besteht aus fünf Eigenschaften:

- Mut und Realitätssinn,
- Glaube und Optimismus,
- gegenseitiger Hingabe und Hingabe an die Mitarbeiter,
- einem gesunden Lebensstil,
- der Bereitschaft, sich für etwas einzusetzen.

Im Gegensatz zur Verwöhnungsmentalität ist dies ein Weg, der zum Leben führt.

Sir Ernest Shackleton

Shackleton war ein Leiter, der seinen Mitarbeitern durch seine Hingabe half, die schwierigsten Situationen zu meistern. Er wuchs als zweites von zehn Kindern in einer behüteten Umgebung auf und hatte Eltern, die ihn ermutigten und im christlichen Glauben erzogen. Die Familie war von Irland nach England zurückgekehrt, dem Land ihrer Vorfahren.

Mit 16 Jahren fuhr Shackleton zum ersten Mal zur See und mit 24 Jahren wurde er Steuermann. Über seine harte Ausbildungszeit schrieb er später, dass es viele Tage gab, an denen er einsam und enttäuscht war. Tage, an denen er das Gefühl hatte, dass er nichts mehr dazulernte und die ganze Besatzung ihn nur ausnutzte. Der Gedanke, wieder nach Hause zurückzukehren, erschien ihm in dieser Zeit sehr verlockend. Er wollte aufgeben, tat es jedoch nicht, weil er beschlossen hatte: „Was ich einmal begonnen habe, das bringe ich auch zu Ende."

Mit 40 Jahren, zu einem Zeitpunkt, als er bereits viele Expeditionen hinter sich hatte, ging Shackleton wieder auf eine Entdeckungsfahrt. Am 5. Dezember 1914 machte er sich mit 27 weiteren Männern von der Insel Georgia aus (etwa 1.500 Kilometer südlich der Falkland-Inseln) auf die Reise in die Antarktis. Aber nur wenige Wochen später, am 19. Januar 1915, blieb das Schiff *The Endurance* 60 Kilometer vor der Küste der Antarktis im Packeis stecken. Dort saßen die Männer bis zum 27. Oktober 1915 fest. Stellen Sie sich das einmal vor: Sie sitzen zehn Monate lang mit 27 Leuten fest, während Sie das Ziel unmittelbar vor Augen haben!

Am 27. Oktober wurde die *Endurance* vom Packeis zerdrückt und die Mannschaft musste ihr Lager auf das Eis verlegen. Der antarktische Sommer brach schließlich an und mit drei Rettungsbooten von sieben Metern Länge und 1,8 Metern Breite lebten sie bis April 1916 – also weitere fünfeinhalb Monate – abwechselnd auf Eisschollen und in ihren Rettungsbooten. In diesen insgesamt 16 Monaten waren die Männer durch das sich ständig bewegende Packeis 1.800 Kilometer von dem Ort weggetrieben worden, an dem sie ursprünglich gestrandet waren.

Aber es kam noch schlimmer. Am 8. April 1916 schmolz das Eis um sie herum merklich. Shackleton und seine Mitstreiter wagten sich mit ihren Rettungsbooten in die stürmische See hinaus und machten sich auf die Suche nach Elephant Island. Ausgetrocknet, vor Kälte erstarrt, krank und dem Tode näher als dem Leben, landeten sie sieben Tage später auf einem kahlen Felsen im Norden der Antarktis.

Es gab keine Hoffnung, dass hier jemals ein Schiff vorbeikommen würde. Dass diese 28 Männer die vergangenen 16 Monate überlebt hatten und noch immer ein starkes Team waren, verdankten sie vor allem der selbstlosen Hingabe ihres Anführers Shackleton. Er versorgte sie, wenn sie krank waren. In den endlosen Winternächten forderte er sie heraus, aktiv zu bleiben: Sport zu treiben, Gedichte zu lesen, zu diskutieren und Karten zu spielen. Was Shackleton in dieser Zeit trug, war der Glaube, dass Gott ihn und seine Mannschaft in seiner Hand hielt.

Am 24. April beschloss Shackleton, mit fünf Männern in einem Rettungsboot 1.300 Kilometer über den südatlantischen Ozean nach Südgeorgien zu segeln, der nächsten von Walfängern bewohnten Insel. Diese Insel erreichten sie nach 15 gefährlichen Tagen auf See am 8. Mai 1916. Das Tragische war, dass sie an der falschen Seite ankamen. Von den sechs Männern waren nur noch Ernest Shackleton, Tom Crean und der Kapitän Frank Worsely in der Lage zu laufen. Die beiden anderen Männer waren viel zu schwach, um noch einen schweren Fußmarsch bewältigen zu können. Shackleton ließ beide unter dem umgedrehten Rettungsboot zurück, wo sie warten sollten, bis sie entweder gerettet oder sterben würden.

Nach neun Tagen Rast machten sich die drei anderen Männer auf die Reise über die Berge von Südgeorgien. Am 20. Mai 1916 kamen sie schließlich am einzig bewohnten Punkt der Insel, der Walfängerstation, an. Noch Jahre später berichteten sie, dass sie während ihrer langen Wanderung immer den Eindruck hatten, sie seien nicht zu dritt, sondern zu viert unterwegs. Sie waren davon überzeugt, dass ein Engel sie begleitete, der sie vor den vielen Gefahren rettete, die sie auf dieser Reise erlebten.

Kaum waren Shackleton und seine Mannschaft wieder unter Leuten, da organisierte er auch schon die Rettungsaktion: Er wollte sein gesamtes Team sicher nach Hause bringen – und das, obwohl er selbst am Ende seiner Kräfte war.

Die Männer hatten ihr Ziel, mit Hundeschlitten die Antarktis zu durchqueren, nicht erreicht. Und doch war dieses Abenteuer für Shackleton die erfolgreichste Reise, die er jemals unternommen hatte: Er hatte als Anführer 27 Männer motiviert, versorgt, geführt und am Ende vor dem sicheren Tod gerettet. Dies gelang ihm nur durch seine beispiellose Hingabe. Einige der Werte, denen er sich verpflichtet hatte, waren:

- „Es gibt viele schöne Dinge auf dieser Welt, aber meines Erachtens gibt es nichts Schöneres als Kameradschaft."
- „Optimismus ist wahrhaftig moralischer Mut."
- „Ein Mensch muss sich ein neues Ziel setzen, wenn das alte unerreichbar geworden ist."
- „Die Loyalität deines Mitarbeiters ist ein heiliges Vertrauen, das dir verliehen wird. Du darfst es niemals verletzen und du musst dich dieses Vertrauens jederzeit würdig erweisen."
- „Als Anführer, als jemand, nach dem sich andere richten, muss man immer einen Schritt voraus sein."
- „Die wichtigsten Eigenschaften und Wesenszüge eines Anführers sind: Treue, Disziplin, Uneigennützigkeit, Mut, Optimismus, Ritterlichkeit und ein gesunder Menschenverstand."

Sie werden mit großer Wahrscheinlichkeit keine 27 Männer auf einer Expedition in die Antarktis anführen müssen. Aber wer Sie auch sind und wen Sie auch leiten: Ihre Hingabe an Menschen und an Ihren Auftrag ist für den Erfolg Ihres Teams von entscheidender Bedeutung. Hingabe ist der Weg, der zum Leben führt. Dies galt für Josua und Kaleb und die neue Generation der Israeliten, dies galt für Shackleton und seine 28-köpfige Mannschaft und dies gilt auch für Sie und Ihr Team.

4. Hingabe in der Praxis

Vor mehr als 1.500 Jahren breitete sich nicht nur das Christentum in Europa aus, sondern es machte sich in dieser Gesellschaft auch ein allgemeiner Verfall bemerkbar. Benedikt von Nursia war zu dieser Zeit einer der ersten Stifter von Klostergemeinschaften. Weil diese Gemeinschaften sehr schnell wuchsen, dachte er notgedrungen über die Werte und Normen einer gesunden Gesellschaft und des Gemeinschaftslebens nach. Die Mönchsregel, die er daraufhin aufstellte und die als *Regula Benedicti* oder „Benediktsregel" bekannt geworden ist, ist im Grunde eine Übertragung des Neuen Testaments in das alltägliche Leben.

Benedikt gehörte zu den Menschen, die in der Lage waren, „transformativ" zu denken. Er konnte Wahrheiten von einer „Welt" in die andere übersetzen. Nicht umsonst wird Benedikt auch der „Vater Europas" genannt. Er verstand es – nicht zuletzt durch seine Klosterregel –, wie man die Werte des Evangeliums in den Alltag einer Gemeinschaft übertragen kann.

Seine berühmte Regel enthält drei wichtige Grundbegriffe:

1. Obedientia: aufmerksam zuhören,
2. Conversio Morum: durch kleine Schritte dem Leben neue Form geben,
3. Stabilitas: Hingabe an Mensch und Auftrag.

Diese drei Grundbegriffe sind die Antwort auf die Frage „Wie kann Hingabe in der Praxis aussehen?". Sie illustrieren, wie das Neue Testament in den Alltag von Menschen übertragen werden kann, die am Beginn des 21. Jahrhunderts leben. Immer mehr Menschen entdecken heute, dass es bereits vor 1.500 Jahren Personen gab, die über eine kompetente und verantwortungsvolle Art und Weise des Leitens sowie eine sinnvolle Gestaltung des eigenen Lebens nachgedacht haben.

Auf den letzten Seiten möchte ich diese drei Begriffe gern näher erläutern und zeigen, wie Sie diese anwenden können, um das Thema „Hingabe" in Ihr Trainingsprogramm für den Alltag zu integrieren.

Obedientia

Beim Wort *Obedientia* denken die meisten zunächst an Gehorsam. Benedikt meinte mit diesem Begriff darüber hinaus aber vor allem, dass wir lernen sollen, aufmerksam zuzuhören. Das Wort „Gehorsam" ist eng mit dem Verb „hören" verwandt. Wenn wir in Hingabe an Menschen und unsere Arbeit leben wollen, ist das Hören ein Schlüssel dazu. Sind wir bereit zu lernen, aufmerksam hinzuhören? Benedikt sprach von der Schule des „Hörens mit dem Herzen". Dazu gehören folgende Schritte:

- innehalten,
- still sein,
- zuhören,
- entdecken.

Wenn Sie diese vier Schritte umsetzen und aufmerksames Hinhören lernen wollen, dann müssen Sie zunächst einmal bereit sein, den anderen höher zu achten als sich selbst.

1. Innehalten

Hören Sie auf, selbst zu reden. Stellen Sie alle Aktivitäten ein, wenn Sie jemandem begegnen. Sie können Tag für Tag üben innezuhalten. Sie müssen sich nur dafür entscheiden.

2. Still sein

Seien Sie still, wenn Sie Ihrem Gegenüber begegnen. Hören Sie auf, zu reden und in Gedanken anderen Dingen nachzuhängen. Ich weiß, dass dies nicht einfach ist. Man kann schweigen und doch kreisen einem ständig die Gedanken im Kopf herum. Es ist wichtig, dass Sie lernen, wie Sie hinter Ihr Reden und Denken einen Punkt setzen können, um zu lernen, aufmerksam zuzuhören. Still zu werden können Sie zum Beispiel in Zeiten der Kontemplation lernen. Aber üben Sie dies in jedem Gespräch. Hören Sie genau zu. Geben Sie dem anderen die Möglichkeit zu reden, indem Sie selbst den Mund halten.

Vermutlich wissen Sie ja selbst, wie schwierig es ist, jemandem wirklich aufmerksam zuzuhören. Jemand erzählt Ihnen: „Ich war in den Ferien in Spanien." Dieser eine Satz setzt bei Ihnen etwas in Gang. Sobald das Wort „Spanien" gefallen ist und noch während der andere von seinen Erlebnissen berichtet, fallen Ihnen Geschichten ein, die Sie selbst über Spanien erzählen könnten. Nun ist es Ihnen fast nicht mehr möglich zuzuhören, denn Sie wollen ja so gern Ihre eigenen Erlebnisse loswerden.

Das ist im Grunde die ganz normale Reaktion eines Menschen, der schnell denkt und gern redet. *Obedientia* bedeutet aber, still zu sein, die eigenen Geschichten ruhen zu lassen und den Geschichten des anderen zuzuhören.

3. Zuhören

Richten Sie Ihre ungeteilte Aufmerksamkeit auf Ihr Gegenüber. Hören Sie auf seine Worte, und konzentrieren Sie sich auf das, was er sagt. Achten Sie aber auch auf seine Augen. Sie sind ein Spiegel der Seele. In der Bewegung der Augen und in der Art, wie Ihr Gegenüber schaut, können Sie noch mehr entdecken, als allein aus den Worten hervorgeht. Auch die Hände einer Person können Ihnen viel erzählen: Sie drücken häufig indirekt aus, was im Leben Ihres Gesprächspartners gerade vor sich geht.

Indem Sie auf die Worte, die Augen und die Hände des anderen achten, helfen Sie sich selbst, von Ihren eigenen Ideen und Gedanken frei zu werden und sich auf den anderen zu konzentrieren. Natürlich können Sie am besten zuhören, wenn Sie gute Fragen stellen. Das zeigt, dass Sie Interesse an Ihrem Gegenüber haben, und Sie können ihn ermutigen, seine Geschichte zu erzählen.

4. Entdecken

Obedientia bedeutet auch, die Welt des anderen zu entdecken. Benedikt legte in seinen Gemeinschaften viel Wert auf Gastfreundschaft. Eines der großen Klöster besaß einen Gästetrakt, der mehr als 200 Meter lang war – die Mönche dieses Klosters waren für ihre Gastfreundschaft bekannt. Sie machten es sich zum Grundprinzip, in jedem Fremden, dem sie begegneten, eine Möglichkeit zu sehen, etwas von Gott zu erzählen. Die Mönche waren aber nicht nur neugierig auf ihre Gäste, sondern sie zeigten sich vor allem bereit, ihnen zuzuhören. Gastfreundschaft bedeutete für sie *Obedientia*.

Wie wir bereits in einem vorangegangenen Kapitel gesehen haben, hat Guardini deutlich gemacht, dass jeder Mensch eine Schicksalsgestalt, eine Wesensgestalt und eine Berufungsgestalt besitzt. Entdecken Sie die Geschichte des anderen, seine Talente sowie seine Träume und Visionen. Entdecken Sie den ganzen Menschen – das ist Ihr Auftrag als Leiter.

Wie kann man durch die Einübung von *Obedientia* Hingabe erlernen? Wählen Sie beispielsweise drei Menschen aus, mit denen Sie täglich zu tun haben. Darunter kann Ihr Partner sein, ein Freund oder eine Freundin, Ihre eigenen Kinder, Mitarbeiter, Kollegen oder Freunde. Und vergessen Sie Ihren Leiter nicht. Es gibt unzählige Möglichkeiten, das Zuhören zu erlernen. Beobachten Sie Ihre Gesprächspartner nicht nur, sondern stellen Sie ihnen vor allem gute Fragen. Wichtig ist, dass Sie Ihr Übungsfeld nicht auf 200 Menschen ausdehnen. Konzentrieren Sie sich drei Monate lang auf diese drei Menschen, und lernen Sie innezuhalten, still zu sein, zuzuhören und den anderen zu entdecken.

Workshop 6.2: Obedientia

In die folgende Übersicht können Sie all das eintragen, was Sie in den kommenden drei Monaten bei drei von Ihnen ausgewählten Menschen entdecken. Notieren Sie etwas über ihre Geschichte, ihre Interessen, ihre Talente, und fassen Sie in Worte, wovon sie träumen, was für sie wichtig ist. Ich wünsche Ihnen viel Spaß dabei!

Workshop 6.2: Obedientia

Obedientia in der Praxis			
Name	**Geschichte**	**Talente**	**Träume**

Conversio Morum

Was hat Benedikt mit dem Ausdruck *Conversio Morum* gemeint? Die direkte Übersetzung aus seiner Perspektive lautet: „dem Leben neue Form geben" oder „Umkehr in kleinen Schritten". Wenn Sie einen neuen Lebensstil entwickeln wollen, geschieht das nicht durch eine einzelne, einmalige Entscheidung. Man erlernt Hingabe an Menschen und Aufgaben erfahrungsgemäß, indem man sich dazu entschließt und es anschließend mindestens ein Jahr lang kontinuierlich übt.

Benedikt spricht von einer schrittweisen Veränderung des Denkens. Die Gedanken lassen einen Wunsch in uns aufkommen, der Wunsch führt zur Tat und die Tat führt zu einer Gewohnheit. Will man eine Gewohnheit verändern, muss man mit der Veränderung des Denkens beginnen. In seinem Brief an die Römer schreibt Paulus, dass wir anders denken müssen, wenn wir einen gesunden Lebensstil entwickeln wollen. Wenn man gelernt hat, gut zuzuhören und zu neuen Einsichten gelangt ist, muss diese Erkenntnis in die Tat umgesetzt werden. Diese Tat sollte dann mindestens 36-mal eingeübt werden, damit sie Schritt für Schritt zu einer neuen Gewohnheit wird.

Wie kann man *Conversio Morum* im Alltag umsetzen? Auch hier empfehle ich Ihnen wieder vier Schritte:

1. beschließen,
2. planen,
3. beginnen,
4. üben.

1 . Beschließen

Was wollen Sie in diesem Jahr lernen? Dieses Buch liefert Ihnen eine Menge Anregungen. Was sind die drei Dinge, die Sie wirklich kontinuierlich ein Jahr lang verfolgen wollen? Wie wollen Sie Ihre Hingabe in die Praxis umsetzen? Sie werden nicht erfolgreich sein, wenn Sie mit 20 Projekten zugleich beginnen.

2. Planen

Sie sollten für jeden dieser drei Bereiche einen realistischen Plan erstellen, mit dessen Hilfe Sie wöchentlich üben können. Ein realistischer Plan enthält immer messbare Ziele.

3. Beginnen

Ich kenne einige Personen, die wahre Fachleute darin sind, Pläne zu schmieden. Wenn sie ihren Plan zu Papier gebracht haben, ist für viele andere die eigentliche Schwierigkeit bereits bewältigt. Aber wenn sie nicht anfangen, ihren Plan in die Tat umzusetzen, dann ist er wertlos. Verschieben Sie die Ausführung Ihres Planes also nicht! Ich kenne viele Menschen, die wunderbare

Vorsätze fassen, aber nichts davon in die Tat umsetzen. Sie bleiben in einer Traumwelt hängen und schaffen den Übergang in die Realität des Alltags nicht. „Beginnen“ bedeutet: beschließen, planen und anfangen.

4. Üben

Sie haben bereits gehört, dass eine negative Gewohnheit nur in eine positive, gesunde Gewohnheit verwandelt werden kann, wenn sie ausdauernd geübt wird. Benedikt sagte: Ein Jahr lang jede Woche üben, das ist ein guter Beginn. Jede Übung muss außerdem von außen regelmäßig kontrolliert werden. Beginnen Sie also folgendermaßen:

- Beschließen Sie, was Sie lernen wollen.
- Planen Sie, was Sie wöchentlich üben wollen.
- Fangen Sie sofort an!
- Üben Sie ein Jahr lang und lassen Sie sich kontrollieren.

Stabilitas

Stabilitas im Sinne Benedikts bedeutet, auszuharren in der Hingabe an Menschen und an Ihren Auftrag. Ernest Shackleton ist ein sehr gutes Vorbild für Hingabe und Ausdauer. Die 28 Teilnehmer der Antarktis-Expedition waren sicherlich nicht alle wunderbare Menschen. Zweifellos waren auch einige recht üble, unloyale und nörgelnde Männer darunter. Aber Shackleton blieb in seiner Dienstbereitschaft und in seiner Funktion als Anführer allen 28 Personen treu – und er brachte auch alle 28 wieder sicher nach Hause.

Paulus

Paulus ist ein gutes Beispiel für einen Menschen mit Ausdauer. Nachdem ihn Jesus Christus berufen hatte, ging er viele Jahre lang auf Missionsreisen, um zu lernen und sich weiterzuentwickeln. Die ganzen Jahre blieb er trotz aller Widrigkeiten seiner Berufung treu, bis er schließlich nach Rom kam. Es war sein Auftrag, die Gute Nachricht nach Europa zu bringen. Und er war bereit, 40 Jahre auf die Vollendung dieses Auftrages zu warten.

Jim Collins

Jim Collins beschreibt in seinem Buch „Der Weg zu den Besten“, wie es elf Unternehmen gelang, 30 Jahre lang Top-Resultate abzuliefern. Die Mitarbeiter dieser Unternehmen besaßen die Fähigkeit, *Stabilitas* in ihrer Arbeit umzusetzen. Collins fasst dieses Phänomen in drei zentralen Begriffen zusammen: Menschen, die über lange Zeit sehr erfolgreich sind, sind Menschen, die diszipliniert leben, diszipliniert denken und diszipliniert handeln.

Ein Freund
Einer meiner Freunde leitet ein Unternehmen mit etwa 1.000 Angestellten. Dieses Unternehmen existiert bereits seit 225 Jahren und die Familie leitet den Betrieb bereits in der siebten Generation. Mein Freund hat verstanden, was seine Lebensaufgabe ist: Verantwortung für 1.000 Menschen und eine Firma zu übernehmen – und eine Vision sowie einen ganzen wirtschaftlichen Bereich weiterzuentwickeln. Ich habe viel Respekt vor meinem Freund, denn er möchte sich dieser von seinem Vater übernommenen Aufgabe sein ganzes Leben lang widmen.

Dieser Geschäftsführer ist ein gutes Vorbild für einen Menschen mit Ausdauer und Hingabe, für *Stabilitas*. Denn durch *Stabilitas* bekommt ein Mensch Autorität.

Tom Marshall
Der Neuseeländer Tom Marshall, von dem ich viel gelernt habe, erläuterte einmal in einer seiner Präsentationen, wie sich eine Stadt im positiven oder negativen Sinn verändern kann. Leider sind die positiven Einflüsse häufig sehr marginal. Marshall erklärte: „Menschen, die einen positiven Einfluss auf ihre Stadt ausüben, wohnen häufig 10, 15, vielleicht auch 20 Jahre in dieser Stadt, ziehen aber dann oft um. Sie sind in ihrer Stadt daher kein konstanter Faktor."

Was ist dann eine konstante Größe? „In den meisten Fällen ist es das Schlechte, das Vernichtende, das Negative. Das sind die Dinge, die bleiben. Der positive Einfluss von Menschen, die visionär denken, kommt und geht. Wer aber bleibt lange genug, um echte Veränderung in einer Stadt zu bewirken?" Marshall ging davon aus, dass mindestens ein ganzes Leben, wahrscheinlich sogar mehrere Generationen nötig sind, um eine Stadt zum Positiven zu verändern.

Will man das eigene Land umgestalten, sind dafür mindestens drei Generationen notwendig. Das kann man an Ländern wie Albanien, Russland und China gut erkennen – an Ländern also, in denen der Kommunismus noch über mehrere Generationen hinweg fatale Auswirkungen gehabt hat.

Aber zurück zu Ihnen: Was können Sie tun, worin können Sie sich investieren? Ich persönlich denke derzeit über ein Projekt nach, durch das junge Menschen 20 Jahre lang begleitet werden. Sie sollen so weit unterstützt werden, dass sie durch ihre Leitungsfunktion auf nationaler Ebene einen positiven Einfluss ausüben können. Erinnern Sie sich noch an Ernest Shackleton? Dieser Mann hat noch immer Einfluss auf das Leben und Denken von unzähligen Leitern.

Stabilitas bedeutet, Hingabe zu üben – sich Ihren Beziehungen sowie Ihren Aufträgen ganz zu widmen und auf diese Weise ein Mandat und echte Autorität zu erhalten – an genau dem Ort, an dem Sie sind. Zu *Stabilitas* gelangen Sie als Leiter durch folgende Schritte:

1. Eine Vision entdecken

Entdecken Sie Ihre Berufung, Ihren Auftrag im Leben. In meinem Buch „Kreative Lebensplanung“ beschreibe ich auf einfache Weise und klar strukturiert, wie man diese Berufung entdecken und für sich in Worte fassen kann. Wofür wollen Sie Ihre Talente und Ihre Möglichkeiten einsetzen? Wofür könnten Sie eine Leidenschaft entwickeln? *Stabilitas* beginnt mit einer Vision, einer Passion für die Menschen und einen Auftrag, den Sie verfolgen wollen.

2. Eine Strategie entwickeln

Setzen Sie Ihre Vision in einen Aktionsplan für das kommende Jahr um.

3. Ein Team bilden

Suchen Sie sich die richtigen Menschen, die mit Ihnen an einem Strang ziehen wollen. Die Umsetzung Ihrer Vision hängt zu einem großen Teil von Ihrem Team ab. Als ich vor 18 Jahren die Vision entwickelte, das *Power Management Team (xpand)* zu gründen, wollte ich erst beginnen, wenn ich wenigstens zwei oder drei Freunde gefunden hatte, die dieser Vision gemeinsam mit mir eine Gestalt geben würden. Hingabe bedeutet also auch: ein Team finden, mit dem Sie zusammen Ihre Vision umsetzen können.

4. Schritt für Schritt vorwärts gehen

Gehen Sie einen Schritt nach dem anderen. Dies bedeutet vor allem: Halten Sie an Ihrer Vision, Ihrer Aufgabe und an „Ihren“ Menschen fest.

John Grisham

John Grisham ist jemand, der seiner Vision konsequent gefolgt ist. Der bekannte Romanautor hat durch seine Bücher weltweit großen Einfluss erlangt. Als Grisham mit dem Schreiben begann, war er noch ein junger Anwalt und arbeitete 70 Stunden in der Woche. Wie fand er da noch Zeit zum Schreiben? Als er erkannte, dass das Schreiben seine Berufung war, begann er, morgens eine halbe Stunde früher ins Büro zu gehen, und arbeitete die ersten 30 Minuten seines Arbeitstages zunächst einmal an seinem ersten Roman. Das nenne ich *Stabilitas:* täglich, regelmäßig, hingegeben, ausdauernd. Man kann es auch folgendermaßen formulieren: Grisham hat seine Begabung so weiterentwickelt, dass sie ihre ganze Wirkung entfalten konnte.

Synchron-Schwimmer

Ein anderes Beispiel sind zwei Synchron-Schwimmerinnen, die ich kürzlich im Fernsehen sah. Sie schwammen bereits sehr gut, als sie beschlossen, noch besser zu werden und in die Weltspitze vorzustoßen. Aus diesem Grund zogen sie in die Vereinigten Staaten, wo sie vor den Olympischen Spielen drei Jahre lang trainierten. Auf die Frage des Journalisten, warum sie dafür in die USA ziehen mussten anstatt einfach in Holland zu bleiben, antworteten die Frauen mit einem Strahlen im Gesicht: In den USA könnten sie täglich acht Stunden trainieren – dort sei so etwas viel normaler als bei ihnen zu Hause in den Niederlanden.

Hingabe bedeutet, sich mit ganzer Kraft füreinander und für den eigenen Auftrag einzusetzen.

Anselm Grün

Als letztes Beispiel möchte ich noch Anselm Grün anführen. Der Mönch und Manager eines großen Klosters schreibt regelmäßig zwei bis vier Bücher pro Jahr. Und das, obwohl er in seinem Dienst als Kloster-Manager 80 verschiedene Unternehmen koordinieren muss. Anselm Grün schreibt immer dienstag- und donnerstagmorgens von vier bis halb acht. Erst danach geht er an seine täglichen Aufgaben.

Sie selbst

Sie könnten nun einwenden: „Ja, aber ich bin kein John Grisham und ich bin auch kein berühmter Schwimmer und auch nicht Anselm Grün. Ich bin ein ganz normaler Mensch." Aber John Grisham, die Schwimmerinnen und Anselm Grün sind auch „nur" ganz normale Menschen! Lassen Sie sich nicht von diesen erfolgreichen Vorbildern abschrecken. Sie sind Sie, einzigartig. Sie leben an Ihrem Platz und haben Ihren einzigartigen, ganz persönlichen Auftrag.

Paulus beschrieb in seinem Brief an die Christen in Kolossä, wie Hingabe aussehen kann. In einfachen Worten gibt er das wieder, was mit den drei Prinzipien *Obedientia, Conversio Morum* und *Stabilitas* gemeint ist:

„Alles, was ihr tut und was ihr sagt, soll zu erkennen geben, dass ihr Jesus, dem Herrn, gehört. Euer ganzes Leben soll ein einziger Dank sein, den ihr Gott, dem Vater, durch Jesus Christus darbringt" (Kolosser 3,17).
Und weiter heißt es: „Tut eure Arbeit gern, als wäre sie für den Herrn und nicht für Menschen; ihr wisst, dass ihr vom Herrn euer Erbe als Lohn empfangen werdet" (Kolosser 3,23–24; Einheitsübersetzung).

Ich möchte Sie am Ende dieses Buches mit den Worten von Paulus ermutigen: Tun Sie das, was Sie tun, von Herzen. Tun Sie es für Gott und tun Sie es von ganzem Herzen. Dann wird Ihre Berufung als Leiter Gestalt annehmen. Sie werden mehr Autorität bekommen, und es entsteht ein Team, das mit Ihnen gemeinsam Ihren Auftrag umsetzt.

Literaturempfehlungen

In diesem Buch habe ich an verschiedenen Stellen auf Literatur verwiesen. Ich möchte Sie dazu ermutigen, davon Gebrauch zu machen!

Warum Lesen? In der Tat, Lesen ist ein Teil Ihres Trainingskonzepts. Das ist Ihnen in diesem Buch sicherlich deutlich geworden. Lesen erweitert den Horizont und fördert die allgemeine Entwicklung. Es inspiriert Sie zu neuen Gedanken und stellt Ihre eigenen Ideen auf eine Probe. Außerdem halten Sie durch Lesen Ihr Gedächtnis fit, und zwar auf ganz andere Weise, als Sie das durch Computerspiele, Fernsehen oder andere schnelllebigen Formen der Kommunikation tun können. Lesen hilft Ihnen auch, sich mehrmals und intensiv mit einem Thema auseinander zu setzen.

Vielleicht wollen Sie sich mit dem Thema „Obedientia" – dem Hinhören – beschäftigen, und vielleicht erzählt Ihnen jemand, warum das so wichtig ist. Aber das einzusehen bedeutet noch nicht automatisch, auch wirklich damit anzufangen. Durch das Lesen geben Sie sich selbst die Möglichkeit, bestimmte Dinge immer wieder zu hören, bis sie verstehen, zu tieferen Einsichten gelangen und schließlich zu dem Punkt kommen, an dem endlich „der Groschen fällt".

Der Entdeckungsreisende Ernest Shackleton war eine Leseratte. Selbst auf seine Nordpolexpedition nahm er eine ganze Bibliothek mit auf sein Schiff. Er las nicht nur Fachliteratur, sondern auch Poesie, die Bibel und verschiedene andere Bücher. Stephen King, der berühmte Krimiautor, liest jedes Jahr achtzig Bücher, um für seinen eigenen Schreibstil dazuzulernen. Ich selbst lese etwa vierzig Bücher pro Jahr, um die Basis für eine ausgewogene und professionelle Weiterentwicklung auf meinem Fachgebiet ständig zu erweitern.

Wenn jemand Musiker ist, reicht es nicht aus, wenn er ein Diplom in der Tasche hat und Geige spielen kann. Er muss sein ganzes Leben lang drei bis vier Stunden pro Tag üben. Welche Ausbildung haben Sie genossen? Mit welcher Ausbildung befassen Sie sich heute? Können Sie genug in Ihre eigene Professionalität investieren? Dann vergessen Sie nicht, entsprechende Bücher zu lesen.

Zum Literaturverzeichnis: Zu den 25 Lernmöglichkeiten aus dem ersten Kapitel habe ich Ihnen eine Liste mit Büchern zusammengestellt, die ich interessant genug finde, um sie weiterzuempfehlen. In der Tat könnte ich zu jedem Thema hunderte von Büchern aufführen, aber ich habe mich bewusst beschränkt. Natürlich spiegeln diese Bücher nie hundert Prozent meiner eigenen Meinung wider. Bei manchen sind es sogar nur dreißig Prozent. Vielleicht ist es eine Herausforderung für Sie, sich eine eigene Bibliothek zu verschiedenen Themen aufzubauen – Ihre eigene Sammlung guter und inspirierender Bücher.

Adler, Alfred: „Menschenkenntnis". Frankfurt: S. Fischer Verlag, 2003.

Blanchard, Kenneth: „Führungsstile". Hamburg: Rowohlt, 2002.

Collins, Jim: „Der Weg zu den Besten". Reinbek: dtv, 2003.

Frankl, Viktor: „Der Mensch vor der Frage nach dem Sinn". München: Piper, 2004.

Guardini, Romano: „Das Ende der Neuzeit/Die Macht". Mainz: Matthias-Grünewald-Verlag, 2001.

Guardini, Romano: „Die Lebensalter". Mainz: Matthias-Grünewald-Verlag, 2001.

Guardini, Romano: „Vom Sinn der Gemeinschaft". Graz und Wien: Stiasny-Verlag, 1952.

Höhler, Gertrud: „Die Sinn-Macher". München: Econ, 2002.

Höhler, Gertrud: „Warum Vertrauen siegt". München: Econ, 2003.

Hybels, Bill: „Mutig führen". Asslar: Gerth Medien, 2002.

Kessler, Volker und Martina: „Die Machtfalle". Gießen: Brunnen Verlag, 2005.

Lechner, Odilo: „Weite dein Herz". München: Heyne, 2002.

Morrell, Margot: „Shackletons Führungskunst". München: Eichborn, 2002.

Nouwen, Henri: „Nach Hause finden". Freiburg: Herder Verlag, 2004.

Wunsch, Albert: „Die Verwöhnungsfalle". München: Kösel, 2000.